AF250175

Auteur, Chabert (Lieut. de vaisseau, sur l'Orient)

HISTOIRE

DES COMBATS

D'ABOUKIR, DE TRAFALGAR, DE LISSA,

DU CAP FINISTÈRE,

ET DE PLUSIEURS AUTRES BATAILLES NAVALES,

DEPUIS 1798 JUSQU'EN 1813.

Avis de l'Éditeur.

Présenter à MM. les Officiers de la marine un ouvrage qui les intéresse à tant de titres, c'est d'avance en assurer le succès; aussi l'éditeur a cru ne pouvoir mieux faire en leur offrant ce monument historique, destiné à retracer tant de hauts faits et de revers qu'on peut justement qualifier de glorieux, puisqu'ils ont été l'effet de circonstances indépendantes de la bravoure et de l'habileté de nos marins.

L'éditeur aime à se persuader que chacun de MM. les Officiers de la marine, jaloux de s'associer à l'illustration de ses devanciers, s'empressera de concourir à la réussite de cette nouvelle entreprise dont le but est de conserver le souvenir des événements qui ont montré tout ce que peuvent le courage et l'énergie luttant contre la fortune, et de dissiper les préventions accréditées jusqu'à ce jour par la mauvaise foi d'écrivains ignorants et par l'orgueil d'une nation long-temps rivale et jalouse.

M. Bellue, en se chargeant de la publication de cette relation, ne l'a fait qu'après s'être assuré qu'elle était la plus conforme à la vérité et surtout écrite avec toute l'indépendance qui caractérise le citoyen. Le tirage sera fait à un très-petit nombre et seulement pour les souscripteurs.

L'Éditeur, encouragé chaque jour dans ses nouvelles entreprises par la classe la plus studieuse de la nation, tout en lui offrant cet ouvrage à un prix modéré, n'a pas perdu de vue l'intérêt de ses souscripteurs au nouveau Portulan de la méditerranée, dont la souscription à l'atlas est ouverte dès ce moment.

Le prix de chaque livraison composée de 3 cartes et de 3 plans est de 6 francs et 10 francs pour les non-souscripteurs.

Cet atlas ou neptune, ne sera tiré qu'à 500 exemplaires; les deux premières livraisons sont en vente, elles se composent : 1º des cartes de Corfou, Parga, les côtes de la Morée, les îles Lipari, les côtes de la Sardaigne, par le capitaine Smith, et la côte d'Italie par Zannoni; 2º des plans des ports d'Alexandrie, rade de Toulon d'après Gauthier, Ivice, Mayorque, Minorque et Soller par Tofino, et du plan d'Alger par M. de Gourdon.

Pour aider l'Éditeur à continuer cette entreprise essentiellement utile à la marine, les souscripteurs payeront toujours une livraison à l'avance, dont le prix sera imputable sur la dernière.

HISTOIRE
DES COMBATS

D'ABOUKIR, DE TRAFALGAR,
DE LISSA, DU CAP FINISTÈRE,

ET DE PLUSIEURS AUTRES BATAILLES NAVALES,

DEPUIS 1798 JUSQU'EN 1813,

SUIVIE DE LA

RELATION DU COMBAT
DE NAVARIN,

OU

NOTIONS DE TACTIQUE POUR LES COMBATS SUR MER,

Par un Capitaine de Vaisseau.

PARIS,

CHEZ BACHELIER, F. DIDOT, BAUDOIN.

TOULON,

CHEZ BELLUE, LIBRAIRE.

BREST,

CHEZ LEFOURNIER ET DEPERRIERS.

1829.

Préface.

———

Officier supérieur de la marine militaire, l'auteur de cet ouvrage a assisté, comme acteur et témoin, à presque tous les combats sur mer qui ont eu lieu entre la France et l'Angleterre, depuis 1798 jusqu'en 1813. Sa présence aux divers mouvements maritimes d'attaque et de défense qui ont précédé, accompagné et suivi ces batailles navales, les honorables missions qu'il y a remplies, les rapports et les renseignements qu'il a recueillis des autres officiers après la cessation des hostilités, l'ont facilement mis à portée de présenter au public le fidèle récit de ces grands événements historiques; ces déplorables drames lui ont aussi suggéré une série de réflexions susceptibles et d'expliquer les véritables causes de nos défaites, et d'offrir à nos jeunes marins de salutaires avertissements pour s'en garantir dans des temps plus opportuns. Du sein de ces désolantes catastrophes apparaît toutefois pour les cœurs Français une bien consolante vérité : c'est qu'au milieu de nos grands revers, nos officiers et nos marins en général, ont fait des prodiges de valeur et d'habileté maritimes dans les combats particuliers et dans les batailles rangées, luttant bâtiments contre bâtiments, même contre des forces ennemies supérieures. A côté de ces honorables avantages, il est douloureux de remarquer bien souvent de très-grandes fautes dans les plans d'attaque ou de défense de nos amiraux. Il est vrai que ceux-ci, indépendamment de ce que les instructions du gouvernement, l'imperfection des moyens d'armement de leur escadre et le désavantage du vent, ne leur ont pas toujours permis de prendre l'initiative de l'attaque ou l'emploi d'un meilleur système de défense, ils ont encore eu presque toujours à combattre des ennemis favorisés par le nombre, par le bon équipement de leurs vaisseaux et le secours du vent; ils ont eu surtout à lutter contre le grand amiral Nelson, qui, inventant pour les combats sur mer un mode de tactique à la fois brillante et nouvelle, a su rappeler quelques-uns des merveilleux prodiges dont Napoléon, à la tête des Français, étonnait alors l'Europe, en livrant bataille à des ennemis toujours plus déconcertés.

Mais ces revers de la marine française ne sauraient être heureusement que temporaires. Le souvenir de ses anciens jours de gloire est encore tout vivant dans les cœurs de nos marins. Le feu sacré de la bravoure et de l'habileté maritime s'est toujours conservé même au milieu de nos désastres ; et naguères, le combat de Navarin, en révélant l'existence de notre belliqueuse marine, démontre aussi que le canon français peut encore retentir de tout son ancien éclat dans les mers des deux mondes.

Les documents que nous publions ont été écrits presque au temps des événements dont ils présentent la relation. L'auteur, appartenant alors au service de l'État qu'il a continué jusqu'en 1816, se faisait quelque scrupule de les livrer à l'impression. Plus tard, l'état de paix, le désarmement presque complet de nos vaisseaux, le peu d'activité de nos mouvements maritimes, auraient rendu une pareille publication peu opportune et presque sans utilité. Le moment paraît plus favorable aujourd'hui, alors que la plus noble impulsion est donnée à tous nos établissements maritimes, et qu'un des premiers besoins actuels de la France est d'assurer la puissance de son pavillon pour relever la liberté des mers. Au reste, si l'orgueil français, d'ailleurs couronné de tous les autres genres de gloire, a pu laisser voilés jusqu'à ce jour ces grands revers de la patrie, il doit être permis à présent d'en offrir au public le fidèle tableau, alors que l'amour-propre national et maritime se trouve honorablement satisfait [1].

---

1. Déjà les vœux et les intérêts de la France et de la marine sont remplis en grande partie par la création

Être utile aux jeunes marins, en les éclairant sur les fautes de leurs devanciers, est donc le principal but qu'on ait cherché à atteindre dans la rédaction de cet ouvrage. L'auteur a également employé ses efforts pour plaire aux gens du monde et pour colliger des documents historiques qui n'avaient pas encore vu le jour, et qui sont pourtant d'un grand intérêt pour l'histoire de France et celle de la marine.

Qu'on ne soit pas surpris s'il garde l'anonyme. Jamais nul désir de célé-

---

d'une amirauté, le rétablissement des préfectures maritimes, la formation des équipages de ligne, la mise en commission organisée de plusieurs bâtiments dans les ports, les résultats de la bataille de Navarin, l'augmentation du cadre des officiers de la marine et la création de la dignité de maréchal de France dans le département de la marine, dont le bienfait sera d'enfanter des prodiges dans l'armée navale.

brité littéraire n'est entré dans son âme.
En gardant l'incognito, la jalousie, les
rivalités et le mépris qui se déchaînent
ordinairement contre les auteurs, feront ainsi place à la saine critique, qui
ne doit s'attacher qu'à l'ouvrage, pour
éclairer le public sur ses défauts et ac-
complir le vœu de l'intérêt général.

HISTOIRE

DES COMBATS

d'Aboukir, de Trafalgar, de Lissa,
du Cap Finistère,

ET DE PLUSIEURS AUTRES BATAILLES NAVALES

DEPUIS 1798 JUSQU'EN 1813.

INTRODUCTION.

LES annales maritimes des peuples modernes attestent que la marine française a eu ses jours heureux de succès et de gloire, en triomphant des forces navales des autres puissances. L'indépendance américaine est là surtout pour rappeler les hauts faits de notre ancienne armée navale. Celle-ci, malgré l'échec qu'éprouva, le 12 avril 1782, l'escadre sous les ordres de l'amiral comte de Grasse, contre celle de l'Angleterre sous l'amiral Rodney , n'en est pas moins sortie victorieuse de la lutte qui , en 1778 , s'était engagée entre la France et l'Angleterre , lors des dissensions de cette puissance avec ses colonies. Cependant les revers multipliés que la marine française a éprouvés pendant le cours des dernières guerres maritimes , et les pertes en tout genre qui en ont été le résultat , sembleraient donner quelque couleur à la fâcheuse prévention de l'opinion publique contre notre armée navale ; mais les personnes impartiales qui sont bien informées des événements , n'ignorent pas que nos défaites ne peuvent être imputées aux marins Français dont le zèle et la bravoure ne se sont jamais démentis. On pourrait en assigner les principales causes et dans les circonstances orageuses de la révolution qui enleva à la France quelques-uns de ses meilleurs officiers généraux et supérieurs , et dans les mesures perfides que des intrigues puissantes et des ambitions dangereuses avaient introduit dans notre système maritime [1].

---

1. L'on sait que la majeure partie des officiers et marins qui formaient l'ancienne et illustre marine

Il est vrai aussi que sur la mer l'on ne sur-
monte pas toujours les obstacles suscités par
l'intempérie ou la fureur des éléments ; il
faut lutter contre eux avant d'aller ou en allant
à la rencontre de l'ennemi. Toutefois , une
escadre ou division de vaisseaux courant vent
arrière peut se porter également à droite ou
à gauche sans pouvoir remonter au-delà du
sixième point de l'horison qui avoisine le lit
du vent, pour approcher directement en arrière
des vaisseaux ennemis qui ne voudraient pas
se laisser joindre. Toute la science d'un amiral , toute l'énergie des combattants ne sauraient y parvenir, surtout à marche égale des
escadres, parce que la volonté la mieux pro-
noncée ne peut s'exécuter favorablement contre la force d'un vent contraire et d'une mer
orageuse. Il est même des circonstances où la
fuite de l'ennemi qui abandonne le champ de
bataille clandestinement pendant la nuit, peut

française s'anéantit dans les événements de l'émi-
gration, dans la ruine des forces navales du port de
Toulon en 1793 , et dans la déplorable affaire de
Quiberon.

ne pas être regardée comme un désavantage, si en fuyant il a pu s'emparer de quelque vaisseau qui, ne pouvant manœuvrer, serait tombé sous le vent du gros de l'escadre ennemie, au milieu des ténèbres de la nuit ou dans la brume.

C'est pour obvier à des circonstances aussi fâcheuses, qui avaient pu contribuer aux revers de nos armées navales, qu'il fût arrêté qu'un amiral commandant une escadre nombreuse passerait, le jour d'un combat, de son vaisseau à bord d'une frégate. Cette mesure est sage et fondée ; elle met un amiral à portée de connaître de suite les divers événements qui ont lieu dans sa ligne de bataille, même dans celle de l'ennemi, et de donner sans délai les ordres nécessités par les circonstances. En effet, quand le combat est engagé sur toute la ligne, que l'on soit au vent ou sous le vent de l'ennemi, l'amiral, à bord de son vaisseau, ne peut voir ce qui se passe ni à l'avant-garde ni à l'arrière-garde de son armée, soit à cause de la fumée, soit parce qu'il est masqué par les vaisseaux même de sa ligne ; il ne peut être averti que par les frégates qui sont chargées de répéter les signaux. Aussi quiconque a

assisté à des batailles rangées sur mer , n'ignore
pas le temps qui s'écoule pour bien distinguer les signaux , et pour donner ensuite et
faire parvenir l'ordre aux vaisseaux qui doivent les exécuter. Ces signaux, faits pour rémédier
aux accidents ou pour en profiter , sont quelquefois mal conçus , mal répétés , ou ne sont
pas même aperçus , s'il y a de la négligence ou
de la mauvaise volonté de la part des capitaines. Sur une frégate , au contraire , l'amiral
prend la position la plus avantageuse pour tout
voir et faire sur le moment les signaux convenables , donner ses ordres à la voix et les faire
porter par une frégate , ou par tout autre bâtiment léger dont il est entouré , ou pour les
porter lui-même. Cependant , un amiral qui
ne commanderait que cinq à six vaisseaux , ne
serait pas astreint à passer à bord d'une frégate
au jour du combat.

Afin de rendre la position d'un amiral plus
assurée contre les divers mouvements de l'ennemi pendant l'action , il conviendrait de construire des frégates qui portassent 26 ou 28 canons
de 24 en batterie , pour lui servir de cheval de
bataille ; ces frégates , établies sur des échantil-
lons proportionnés à leur force , supporteraient

2

mieux une bordée de circonstance, et occasion-
neraient de plus fortes avaries qu'une frégate de
18 , dans le cas où elles seraient forcées de manœuvrer sous le canon d'un vaisseau ennemi,
pour traverser la ligne ou pour se réunir à son
armée. Des vaisseaux susceptibles d'être rasés par
défaut de capacité ou pour toute autre cause, seraient encore excellents pour un tel service. Tous
les marins connaissent la supériorité décidée
qu'ont eu les Américains avec leurs frégates
portant du calibre de 24 , contre celles des Anglais ne portant que du calibre de 16 ; mais l'on
n'a pas tardé , dans les chantiers de la grande
Bretagne , de construire de ces fortes frégates
portant du 24 ; aussi nous sommes-nous empressés en France de suivre cet exemple , en cons-
truisant des frégates portant 60 canons ou caronades du calibre de 30.

Sans prétendre fixer l'opinion du public sur
une mesure que l'expérience , jointe à la connaissance du caractère des marins français , peut
seule faire apprécier , les gens qui sont portés à
croire à la fatalité , peuvent supposer que l'amiral Brueys , au combat d'Aboukir , eût été tué
aussi bien sur une frégate qu'il l'a été à bord de
son vaisseau , et que le dénouement de l'action

n'eût pas été différent. On répond à cela qu'il est plus naturel et plus sensé de penser que l'ennemi dirige plutôt son feu sur les vaisseaux qui combattent dans la ligne que sur des frégates qui sont en-dehors, et qui, dans une escadre, ne combattent que par circonstance. C'est pourquoi l'amiral Brueys aurait été mieux assuré et placé à bord d'une frégate; là il pouvait juger d'un coup d'œil l'intention de l'amiral Nelson, donner et faire exécuter les ordres convenables et assez promptement pour venir au secours de la moitié de son escadre attaquée, avec son autre moitié qui ne l'était pas, et rendre par-là le succès incertain, la victoire flottante, s'il n'avait eu gain de cause. Il en est de même pour le combat à l'ouest du cap Finistère ; si l'amiral de Villeneuve eut passé sur une frégate, il aurait tout vu d'assez près pour faire manœuvrer son armée de manière à profiter de sa position et de l'avantage du nombre de ses vaisseaux ; ce qu'il n'a pu faire étant à bord de celui qu'il montait, alors masqué par la fumée et par ses deux matelots[1] de l'avant et de l'arrière. Par cette me-

---

1. Le vaisseau de l'avant et celui de l'arrière de l'amiral sont appelés *ses Matelots.*

sure indispensable, pour un amiral français, de passer sur une frégate le jour d'un combat, l'amiral Nelson aurait bien pu rencontrer des difficultés qui l'eussent empêché d'obtenir l'entière défaite de l'escadre française à Aboukir, et l'amiral Calder ne se serait pas retiré impunément d'un combat dont les suites [1] pourraient nous donner à penser qu'il s'y était témérairement engagé.

Pour appuyer ces réflexions sur des faits authentiques, on va présenter le récit de ces deux combats, qui pourront donner lieu à des discussions susceptibles d'éclairer tout officier intelligent, soit pour éviter les mêmes fautes, soit pour profiter des mêmes avantages, dans le cas où les mêmes circonstances pourraient se reproduire.

---

[1]. Il a quitté clandestinement le champ de bataille pendant la nuit, il s'est fait chasser tout le jour et toute la nuit du lendemain, et quand il s'est trouvé au vent à nous, il a continué de faire sa retraite en serrant le vent sans oser revenir au combat. Arrivé en Angleterre, il a été traduit devant un conseil de guerre. (*Voir plus bas* : Notice biographique sur Calder.)

CHAPITRE PREMIER.

Relation du combat entre l'armée navale Française et celle de S. M. B., sur la rade d'Aboukir [1].

Fière de ses triomphes dans le nord et en Italie, orgueilleuse de la puissance que le traité de Campo-Formio lui avait assurée, la France, en 1798, jalouse aussi de voiler sous de nouveaux lauriers ses horreurs intestines, rechercha un plus brillant éclat dans l'étonnante expédition d'Egypte. Elle était digne du vainqueur de Lodi et d'Arcole, cette imposante mission qui avait pour objet d'abaisser la puissance des Anglais

---

1. La baie d'Aboukir, située à 9 lieues à l'E. d'Alexandrie, forme un demi-cercle depuis le château de ce nom jusque vers la bouche de Rosette, la plus occidentale du Nil. La plage est très-basse et n'offre de fonds pour les vaisseaux de ligne qu'à une lieue de terre. Elle n'est abritée que par un îlot placé à la pointe du château, et par une chaîne de bancs de sable et de roches.

dans les Indes-Orientales , d'ouvrir une nouvelle carrière à nos spéculations de commerce ,
en enrichissant la France d'une colonie floris-
sante par sa position géographique et ses pro-
ductions ; enfin, de faire explorer par l'élite de
nos savants les antiquités du premier berceau de
la civilisation du monde. Les apprêts d'une entreprise aussi hardie furent confiés au général
Bonaparte , dont l'activité et l'habileté garantis-
saient le meilleur succès. L'armement s'en opéra
en quatre ports différents : à Gênes, à Civita-
Vecchia , à Bastia, et surtout à Toulon. Il en
sortit, le 19 mai 1798, une flotte composée de
13 vaisseaux de ligne , 5 frégates, 3 corvettes ,
8 flûtes , et de 350 bâtiments de transport.
Trente-cinq mille hommes de toute arme, choisis parmi les plus braves de l'armée d'Italie , y
furent embarqués. Cette escadre, naviguant sous
l'étoile de Napoléon , après avoir conquis l'île
de Malte , s'être soustrait aux investigations des
Anglais qui la poursuivaient, arriva heureusement à Alexandrie le 1er juillet 1798. Dans peu
de jours toute l'armée et son matériel furent mis
à terre. Le convoi fit son entrée dans ce port
de l'Egypte, mais les bâtiments de guerre furent
forcés d'aller mouiller dans la rade d'Aboukir :

c'est là que fût livré cet affreux combat, dont le funeste résultat jeta un voile funèbre sur le sort de cette brillante expédition.

Le 14 thermidor an 6 (1er août 1798), l'armée navale, sous les ordres de l'amiral Brueys, composée de 13 vaisseaux de ligne, 4 frégates et divers petits bâtiments légers, était mouillée à la rade d'Aboukir, à environ 5 lieues dans le N.-E. d'Alexandrie , sur une ligne du N.-O. au S.-E. ; la queue de la ligne se recourbait un peu vers le S. ; à une heure après midi elle eût connaissance qu'il se dirigeait sur elle une armée anglaise composée de 14 vaisseaux de ligne et d'un brick, sous les ordres de l'amiral Nelson , venant du côté de l'O. , prolongeant la côte toutes voiles dehors ; le vent était au N.-N.-O. petit frais ; le temps clair et beau, et la mer peu houleuse.

A l'apparition de l'armée ennemie, l'amiral Brueys fit signal au brick le RAILLEUR d'appareiller et d'aller la reconnaître ; il fit en même temps expédier un canot à terre avec un officier , pour donner l'ordre aux équipages des chaloupes qui étaient occupés à y faire de l'eau, de se rendre à leurs bords respectifs. Le capitaine de frégate Martin , commandant la SÉ-

RIEUSE, reçut aussi l'ordre d'envoyer 150 hommes de son bâtiment à bord du vaisseau le TONNANT, qui, loin d'avoir son équipage au complet, ne pouvait armer que faiblement ses batteries [1].

Vers les trois heures, nous avons croisé nos perroquets, et tous les vaisseaux de l'armée ont imité ce mouvement. L'amiral Brueys a fait en même temps le signal de branle-bas et de se disposer au combat.

L'amiral Nelson ayant eu connaissance de notre escadre continua sa route, en faisant ses préparatifs pour venir l'attaquer sur la rade.

L'amiral Brueys, après quelques moments d'hésitation, fit signal de mouiller une seconde ancre et de combattre au mouillage ; il ordonna aussi à tous les capitaines d'alonger des grelins d'un vaisseau à l'autre, pour empêcher l'en-

---

1. Au moment où la flotte anglaise parut, chaque vaisseau avait à terre des marins qui creusaient des puits pour avoir de l'eau, et des soldats pour les protéger contre les Arabes. Pour compléter les équipages, les frégates furent obligées de verser leurs marins à bord des vaisseaux.

nemi de traverser notre ligne ; mais cet ordre ne fut exécuté qu'à bord de quelques vaisseaux. Nous virâmes en même temps sur le grelin d'embossage pour présenter le côté à l'ennemi, mouvement que tous nos vaisseaux exécutèrent simultanément.

Vers les cinq heures et demie du soir, l'escadre anglaise ayant donné dans la baie, se rangea au vent et se dirigea pour venir attaquer les vaisseaux de notre avant-garde. On s'était envain flatté que ces vaisseaux étaient à l'abri de toute attaque, les croyant protégés par un banc qui ne les couvrait que très-imparfaitement. On avait encore formé sur l'îlot d'Aboukir [1], quoique à une distance considérable, une batterie de cinq à six pièces de canon et de deux mortiers, dans la vue d'empêcher l'ennemi de doubler la tête de notre ligne ; c'est dans cette confiance qu'on avait laissé un peu trop de distance entre nos vaisseaux de l'avant-garde.

---

1. La tête de l'escadre était appuyée sur l'îlot d'Aboukir. Le premier vaisseau en était à 1200 toises, le deuxième à 80 brasses dans le S.-E. de celui-ci et ainsi des autres. Elle était trop éloignée de l'îlot qui aurait dû avoir au moins 12 canons et 5 mortiers.

Le contre-amiral Blanquet du Chayla avait exprimé l'avis de mettre à la voile pour aller à la rencontre de l'ennemi , ce qui aurait empêché sans doute une entière défaite. L'amiral Brueys avait même paru disposé à prendre ce parti ; mais il y a lieu de croire qu'ayant mûrement réfléchi sur la situation de plusieurs vaisseaux qui , manquant de bras pour armer leurs batteries , étaient hors d'état de combattre sous voiles , il se décida d'attendre l'ennemi au mouillage [1].

1re planche
1re position L'escadre anglaise se dirigeant en gros peloton vers la tête de notre ligne de bataille , le CUL-LODEN , vaisseau de l'avant , échoua sur les açores du banc, malgré l'indication d'un bateau du pays qui avait joint l'ennemi et lui avait

---

1. Lorsque l'amiral Brueys eût mouillé à la baie d'Aboukir , il convoqua un conseil des généraux et capitaines de l'escadre, pour décider si l'on attendrait l'ennemi à l'ancre, dans le cas où il viendrait combattre , ou s'il fallait avoir un engagement sous voiles. Le premier parti fut appuyé par l'amiral et contredit par Blanquet du Chayla et un très-petit nombre de capitaines de vaisseau , mais l'avis du combat à l'ancre prévalut.

donné des pilotes, et malgré les efforts du brick le RAILLEUR pour l'en empêcher. L'accident éprouvé par ce vaisseau, qui ne pût prendre part au combat à cause de son échouement pendant toute la nuit, servit néanmoins de guide à ceux qui le suivaient ; ils arrivèrent un peu plus afin de contourner la pointe du banc et ils l'évitèrent. Ces vaisseaux réunis remontèrent la ligne des nôtres, laissant la terre à leur droite, et combattirent chacun de nos vaisseaux l'un après l'autre ; le reste de l'escadre anglaise les combattait aussi sur l'autre bord, ce qui mettait nos vaisseaux entre deux feux. Vers les six heures du soir le combat s'engagea de très-près entre le GUERRIER et le CONQUÉRANT, et les vaisseaux de l'armée ennemie ; ceux-ci, arrivant successivement, tombèrent sur notre avant-garde, la mirent entre deux feux en traversant la ligne, et mouillèrent à une très-petite distance, les uns par les bossoirs, d'autres par la hanche, quelques-uns par le travers de nos vaisseaux. Les Français soutinrent vigoureusement cette attaque désespérée, faite par des vaisseaux supérieurs, non seulement par leur réunion, mais encore par leur position. Nous attendions avec impatience à bord de l'ORIENT que l'enne-

1re planche
1re position

mi prolongeât la ligne ; il n'y eût que le BEL-
LEROPHON et le MAJESTIE qui osèrent venir
par le travers de ce formidable vaisseau , l'un
des plus beaux de la marine militaire. Mais ils
furent bientôt forcés de couper leurs câbles, et
de s'en aller en dérive , après avoir été désemparés de tous leurs mâts , avoir perdu un capitaine et plusieurs officiers tués , et environ
trois cents hommes hors de combat. Le BELLE-
ROPHON se, voyant exposé à une perte inévitable , s'empressa de s'éloigner , mais se trouvant
désemparé , il fut poussé par le vent sous le feu
de notre arrière-garde, dont il parcourut la ligne;
il fut canonné à son passage par le TONNANT,
l'HEUREUX et le MERCURE ; étant sur le point
de couler, son équipage annonça par des cris
qu'il se rendait; l'on cessa alors de tirer sur
lui, aucun vaisseau français ne songea pourtant
à s'en emparer. Dès-lors le BELLEROPHON dérivant toujours, parvint à dépasser notre ligne
et fut ainsi sauvé. Dans cette conjoncture nous
perdîmes l'amiral Bruéys, qui fut coupé en deux
par un boulet sur le gaillard d'arrière. Le capitaine Casabianca fut aussi blessé à la tête, et
nous eûmes plusieurs officiers tués ou blessés
et une grande partie de nos marins hors de sér-

vice [1]. Sur ces entrefaites, le vaisseau l'ALE-
XANDER arrivant du côté du banc, traversa la
ligne par notre arrière et de l'avant du vaisseau
le TONNANT, vint mouiller par notre hanche de
bâbord et nous fit un carnage horrible, en nous
perçant de toutes ses batteries.

La nuit était devenue très-obscure ; le combat n'en continuait pas moins avec la plus grande
chaleur de la tête au centre de notre ligne. Le
vaisseau le PEUPLE SOUVERAIN, pour se dégager du milieu des vaisseaux ennemis, coupa
son câble et vint rappeler sur son ancre d'affourche par le travers de l'ORIENT à bâbord ;
mais ce mouvement n'améliora ni sa position
ni sa situation. Le vaisseau anglais le LÉANDER,
profitant alors du vide et de la distance que
laissait ce vaisseau, vint mouiller de l'avant du
FRANKLIN, notre matelot d'avant, et le cribla
impunément de coups de boulets.

---

[1]. Il restait à bord le major général Gantheaume qui
ne fit point connaître la mort de l'amiral à l'armée
ni à Blanquet du Chayla qui était appelé à prendre le
commandement ; celui-ci aurait sans doute pris des
mesures pour adoucir les désastres de notre escadre.

Il était environ neuf heures et demie du soir, tous nos vaisseaux de l'avant étaient désemparés de leurs mâts ; déjà à bord de l'ORIENT nous avions été forcés d'abandonner la troisième batterie pour armer la seconde et la première ; le canon de l'ALEXANDER nous fesait un carnage épouvantable et nous avait démonté et renversé une grande partie de nos pièces ; néanmoins nous ripostions vivement à ce vaisseau avec deux ou trois pièces de l'arrière , les seules que nous puissions diriger sur lui ; nous répondions aussi aux vaisseaux ennemis mouillés par notre bossoir de tribord , lorsque nous aperçûmes en dehors des sabords une clarté extraordinaire : c'était le mât d'artimon qui était embrasé ; quelques voix crièrent sur le pont que le feu avait pris à bord. L'ennemi , encouragé par cet accident , nous canonnait vivement et sans relâche ; nous lui ripostions de même par quelques pièces dont notre position nous permettait de nous servir. Ce fut alors que notre grand mât fut coupé et s'abattit du côté de bâbord. Le contre-amiral Gantheaume , croyant qu'il était plus nécessaire d'arrêter les progrès des flammes que de combattre , ordonna de ne plus tirer et de faire monter généralement tout le monde , pour tâcher d'éteindre le feu qui avait déjà consumé la grande chambre , et commençait à s'étendre dans les batteries. Les officiers employaient tantôt les exhortations , tantôt les menaces , pour engager les matelots à faire usage des pompes et des sceaux d'eau ; mais tous ces hommes voyant que les flammes gagnaient rapidement dans les batteries, ne songèrent plus qu'à chercher leur salut à la nage. Dans cette terrible catastrophe , le contre-amiral Gantheaume voyant l'impossibilité d'éteindre le feu qui se communiquait déjà à la sainte barbe par les sabords d'arrière , et après avoir pris l'avis de plusieurs officiers , donna l'ordre au maître calfat d'ouvrir les cylindres pour tâcher de noyer les poudres , afin d'empêcher l'explosion et garantir du feu nos autres vaisseaux mouillés près de nous; mais malgré toute la célérité que l'on mit à introduire l'eau dans la cale le vaisseau brûla et sauta vers les onze heures, et cette redoutable machine , qui pouvait fixer sous nos drapeaux la victoire encore incertaine , devint un volcan , dont une partie vola en éclats dans les airs , et l'autre partie s'abîma au fond de la mer.

Ramassé sur l'eau [1] par un canot du vais-

---

1. M. Fleury , aspirant de première classe , actuel-

seau le FRANKLIN, dont l'ennemi venait de prendre possession, l'auteur de cet ouvrage fut conduit à bord de ce bâtiment .Son état de délabrement le mettait dans l'impossibilité de résister plus long-temps seul contre plusieurs vaisseaux qui l'avaient entouré ; son grand mât et son mât d'artimon étaient coupés ; plusieurs canons démontés, les ponts encombrés par les éclats et par le gréement de la mâture, la dunette criblée de coups de boulets, et le contre-amiral Blanquet du Chayla grièvement blessé. Son capitaine et plusieurs officiers étaient aussi mutilés, d'autres tués. Enfin, une grande partie de son équipage se trouvait hors de combat.

. Le TONNANT ayant été obligé de couper son câble, pour éviter les dangereux effets de l'explosion du vaisseau l'ORIENT, rappela sur son ancre d'affourche, et soutint, dans cette position, de la part de plusieurs vaisseaux ennemis, une canonnade assez vive. Pendant ce combat meurtrier, son brave capitaine Du Petit Thouars, quoique blessé à mort, fit encore couper le câble et vint mouiller dans le fond

---

lement capitaine de vaisseau, fut sauvé au même instant par l'auteur de cette relation.

de la baie [1]. Vers les deux heures du matin, le
MERCURE et l'HEUREUX voulant appareiller ,
abattirent sur bâbord du côté de la terre, et le
peu de vent qui régnait ne leur permettant pas
de gouverner, le courant les porta sur un banc
où ils restèrent échoués.

Deux vaisseaux ennemis arrivant du large ,
mouillèrent à la place des deux vaisseaux français et engagèrent une vive canonnade qui dura
jusque vers les trois heures du matin , contre
le GUILLAUME-TELL , le TIMOLÉON et le GÉ-
NÉREUX. L'escadre anglaise garda sa position
pendant le restant de la nuit , alors mouillée à
tribord et à bâbord des vaisseaux de notre avant-
garde, dont elle avait pris possession après les
avoir totalement désemparés.

A la pointe du jour, nos vaisseaux de l'arrière- 2e planche
garde parurent mouillés sans ordre dans le fond 4e position.
de la baie. Au soleil levant, l'amiral anglais dé-

---

1. Du Petit Thouars, alors criblé de blessures , ayant
les deux bras et une jambe emportés , fesait , en recevant le trait de la mort, jurer à son équipage de ne
jamais se rendre, et prescrivait de jetter son corps à
la mer, pour qu'il ne devint pas la proie des Anglais.

(34)

tacha plusieurs de ses vaisseaux pour soumettre le MERCURE et l'HEUREUX ; ceux-ci, se voyant écrasés par le feu de toutes les batteries de l'ennemi, alors que leur fâcheuse position ne permettait de riposter qu'avec quelques pièces de canon de l'arrière, furent forcés d'amener leurs pavillons vers les sept heures.

Dans la matinée, l'ennemi fit des dispositions pour accabler de la réunion de toutes ses forces quelques vaisseaux français dont les pavillons flottaient encore, mais le contre-amiral de Villeneuve, commandant l'arrière-garde à bord du GUILLAUME-TELL, voyant l'impossibilité de faire changer la fortune par une résistance devenue inutile contre des forces aussi supérieures, mit à la voile vers midi [1] ; il fut suivi par le GÉNÉREUX, la DIANE et la JUSTICE. Un vaisseau

2e planche
5e position.

---

1. On a reproché aux amiraux Villeneuve et Decrès de n'avoir pris aucune part à l'action et d'avoir trop servilement gardé le poste qui leur avait été assigné. Le dévouement des vaisseaux et frégates sous leurs ordres pouvait peut-être procurer un sort bien différent à l'escadre française, l'ennemi n'aurait pas d'ailleurs remporté une aussi grande victoire.

anglais qui les combattait fut forcé de se retirer. Le TIMOLEON essaya aussi d'appareiller , mais en abattant , son mât de misaine se rompit et tomba. Ce bâtiment n'étant plus en état de manœuvrer, son capitaine fut le jeter à la côte pour ne pas tomber au pouvoir de l'ennemi ; l'équipage y mit le feu en se sauvant dans les embarcations et peu de temps après ce vaisseau sauta en l'air [1]. La frégate l'ARTHEMISE fut aussi incendiée par son équipage qui se sauva dans les chaloupes. La SÉRIEUSE avait été coulée bas le soir par les vaisseaux ennemis qui traversèrent la ligne [2].

Le 15 (2 août) à midi , le TONNANT était

---

[1]. Ce vaisseau était commandé par le capitaine Trulet cadet. Le mauvais état de sa mâture ne lui permit pas de suivre la division de l'amiral de Villeneuve ; il n'est pas du moins tombé au pouvoir des Anglais.

[2]. Cette frégate était commandée par le brave capitaine Martin. Quoique dégarnie de presque tout son équipage , elle n'en fit pas moins une belle résistance et fut coulée bas. Le capitaine capitula pour la délivrance de ses marins et pour être lui seul constitué prisonnier des Anglais.

le seul avec son pavillon français ; mais ne pouvant appareiller à cause de son délabrement, il fut bientôt assailli par plusieurs vaisseaux ennemis. Obligé de se rendre, il ne se soumit qu'après une glorieuse résistance, pendant laquelle son brave capitaine Du Petit Thouars avait expiré.

Telle fut l'issue malheureuse de ce combat, l'un des plus déplorables de la marine française, qui redonna aux anglais l'empire de la méditerranée, abandonna l'armée d'Egypte au génie de son chef et aux seules ressources de ses braves, fit échouer la plus brillante expédition des temps antiques et modernes, et dont le résultat a peut-être changé la destinée du monde politique.

Le tableau des deux escadres belligérantes servira de complément à la relation du célèbre combat d'Aboukir, qui anéantit une des plus belles escadres de la marine française ; heureuse lorsqu'elle naviguait sous les auspices de Napoléon, mais en butte aux plus grands revers lorsque le génie et la fortune de cet homme extraordinaire eurent touché le sol de l'Egypte, surtout lorsqu'elle se trouva en lutte avec l'audace et l'habileté d'un des plus célèbres marins

que l'histoire des puissances navales ait produit
jusqu'à nos jours [1].

---

1. La France eut à déplorer dans ce combat la perte
de plusieurs milliers de marins et d'un très-grand
nombre d'excellents officiers. Parmi les cinq amiraux
qui y figuraient , le général en chef fut tué ; le commandant en second eut le nez emporté ; le major général. faillit périr dans les flammes , et les autres ne
durent leur salut qu'à leur retraite de la bataille. Quant
aux capitaines de vaisseau , tous ceux qui prirent part
au combat furent tués ou blessés , à l'exception du
commandant du GUERRIER.

De leur côté , les Anglais éprouvèrent aussi des
pertes majeures. L'amiral Nelson fut blessé grièvement ; cinq capitaines de vaisseau furent tués ou blessés ; une centaine d'officiers éprouvèrent le même sort.
Ils perdirent environ 1800 marins.

Nos pertes matérielles furent non moins importantes : un vaisseau sauta en l'air , un autre fut brûlé ,
deux frégates furent incendiées et coulées bas et neuf
vaisseaux pris par l'ennemi.

Les vaisseaux anglais furent également très-endom-
magés ; il fallut un long-temps et des fonds énormes
pour les réparer.

VAISSEAUX

COMPOSANT L'ARMÉE NAVALE DE LA FRANCE

Sous les ordres de l'Amiral Brueys.

Avant-garde sous le commandement du Contre-Amiral BLANQUET DU CHAYLA.

Pris et brûlé par l'ennemi, ne pouvant être amené à cause de son délabrement.	Le GUERRIER......... 74 c.	TRULET aîné.
	Le CONQUÉRANT...... 74 —	DALBARADE , blessé.
	Le SPARTIATE........ 74 —	ÉMÉRIAU , blessé.
Pris, amenés à Gibraltar.	Le PEUPLE SOUVERAIN 74 —	RACCORD , blessé.
	L'AQUILON........... 74 —	THEVENARD , blessé.
	Le FRANKLIN........ 80 —	BLANQUET DU CHAYLA , c. a.al, blessé. GILET , cap.c, id.

Corps de bataille sous les ordres de l'Amiral BRUEYS.

Sauté en l'air pendant le combat.	L'ORIENT............120 —	BRUEYS , am.al, tué. CASABIANCA , capitaine, noyé. GANTHEAUME , major général.
Pris et amené à Gibraltar.	Le TONNANT .... 80 —	DU PETIT THOUARS , tué.
Échoués et brûlés par l'ennemi.	L'HEUREUX........... 74 —	ÉTIENNE , blessé.
	Le MERCURE .... 74 —	CAMBON , blessé.

Arrière-garde sous les ordres du Contre-Amiral
DE VILLENEUVE.

Fait retraite ou sauvés.
{ Le GUILLAUME-TELL . 80 — { VILLENEUVE, c. a.^{al} / SAULNIER, capitaine
{ Le GÉNÉREUX .... 74 — LE JOAILLE.

Échoué et brûlé par les Français.
} Le TIMOLÉON .... 74 — TRULET cadet.

FRÉGATES

FAISANT PARTIE DE LA MÊME ESCADRE.

Escadre légère commandée par le Contre-Amiral
DECRÈS.

Fait retraite ou sauvées.
{ La DIANE............. 40 c. { DECRÈS, c. am.^{al} / SOLEN, capitaine.
{ La JUSTICE.......... 40 — VILLENEUVE.

Brûlée par les Français.
} L'ARTHEMISE .... 36 — STANDELET.

Coulée bas pendant le combat.
} La SÉRIEUSE. .... 36 — MARTIN.

Notices Biographiques

SUR LES

OFFICIERS GÉNÉRAUX

ET SUPÉRIEURS

QUI ONT PRIS PART AU COMBAT D'ABOUKIR.

TRULET AÎNÉ,

Capitaine de Vaisseau, commandant
le GUERRIER.

Le capitaine TRULET aîné avait servi dans la marine marchande avant 1790. Depuis le combat d'Aboukir, il fut nommé gouverneur de Corfou, puis admis à la retraite. Il est décédé à Toulon en 1820, après avoir honorablement rempli les fonctions de maire de cette ville.

DALBARADE,

Capitaine de Vaisseau, commandant
le CONQUÉRANT.

Il était le frère du ministre de la marine de ce nom. Il avait servi sur des vaisseaux armés pour le commerce de la compagnie des Indes. Il entra dans la carrière militaire en 1792 ; il mourut à la suite des blessures qu'il reçut au combat d'Aboukir , dans lequel il se conduisit vaillamment.

ÉMÉRIAU ,

Capitaine de Vaisseau, commandant
le SPARTIATE.

ÉMERIAU (le comte Maurice-Julien) , vice-amiral , l'un des anciens inspecteurs-généraux de la marine , grand-croix de la Légion-d'honneur , chevalier de l'ordre royal et militaire de Saint-Louis , membre de l'ordre de Cincinnatus , naquit le 20 octobre 1762 , à Carhaix , département du Finistère , d'une famille recommandable. Destiné par ses parents au génie militaire , il se porta de lui-même à la marine , entraîné par un goût irrésistible. Il commença sa carrière à l'âge de treize ans , comme volontaire d'honneur. La guerre d'Amérique lui fournit, en 1778 , l'occasion de se distinguer ; il prit part à douze combats ou siéges , et fut blessé trois fois. Il se fit particulièrement remarquer du comte d'Estaing, aux siéges et combats de la Grenade et de Savannah, où il sauta l'un des premiers dans la tranchée ennemie, et reçut une blessure grave. Sa courageuse .conduite fut récompensée par le grade de lieutenant de frégate, à l'âge de 17 ans, et lui mérita la décoration de l'ordre de Cincinnatus. On doit observer ici que le Comte Émeriau appartient essentiellement à l'histoire ; que sa vie est pleine de faits ; que les bornes que nous nous sommes prescrites ne nous permettent pas de les rapporter tous : on ne citera donc que ceux qui le recommandent d'une manière plus particulière à la postérité et à la reconnaissance de son pays, mais on dira que, constamment honoré de l'estime de ses chefs, il fut nommé sous-lieutenant de vaisseau en 1786, et passa au grade de lieutenant en 1791. Alors seulement il agit par lui-même, et ne dut qu'à son génie et à ses talents les nombreux succès qui suivirent. Chargé du commandement d'une corvette de la station de Saint-Domingue, il remplit diverses missions, et fut employé à la répression des nègres révoltés. Il fit partie de l'escorte qui conduisit à la Nouvelle-Angleterre, les nombreux bâtiments de commerce qui se trouvaient au Cap-Français.

Chargé ensuite de les protéger , et de veiller à leur conservation pendant leur séjour aux Etats-Unis , il eut le commandement supérieur de toutes les forces françaises de cette importante station. Monté sur la frégate l'Ambuscade , il exécuta diverses croisières , fit plusieurs prises, et eut divers engagements honorables. Il contribua efficacement, par son zèle et sa prévoyance , à ramener en France , sans éprouver la moindre perte , plus de quatre cents bâtiments , qui indépendamment de leur cargaison coloniale, estimée plus de cent millions, apportaient à la France, au milieu de la plus affreuse disette, plus de quatre cent mille barils de farine. La valeur de ce convoi fut encore augmentée, pendant la traversée , par la prise de quarante bâtiments ennemis richement chargés. A son arrivée à Brest, et après le funeste combat du 13 prairial , il fut chargé de reconnaître , avec une division de frégates , la force et la position de l'armée ennemie. On lui confia ensuite le commandement de la station des Pyrénées-Occidentales , où il captura à l'ennemi plusieurs bâtiments , et contribua efficacement aux siéges et prises de plusieurs villes et forteresses. Il fut alors nommé capitaine de vaisseau , et bientôt après promu au grade de chef de division. Il fit ensuite la campagne d'Egypte. Nommé chef de file de l'armée, il entra le premier à Malte, sur le vaisseau le Spartiate. Au combat d'Aboukir, il se distingua par une longue et vigoureuse résistance, contre quatre vaisseaux qui l'avaient attaqué en même temps, combattit particulièrement celui que montait l'amiral Nelson, reçut deux blessures graves, et ne cessa le combat qu'après avoir été entièrement démâté, avoir vu le corps et le carène de son vaisseau criblés de boulets, ses poudres noyées par neuf pieds d'eau dans la cale, et avoir perdu plus de la moitié de ses officiers et marins. Nommé chef militaire au port de Toulon, il y remplit les fonctions de préfet maritime, fut élevé au grade de contre-amiral, et chargé du commandement d'une division de vaisseaux et frégates, avec la mission importante de transporter à Malte le grand-maître de l'ordre, opération qui fut ajournée. Il fut expédié ensuite pour Saint-Domingue, rétablit l'ordre et les communications dans la partie du Sud, et contribua à sauver la ville du Port-au-Prince, assiégée par Dessalines. De retour en France, il fut appelé au commandement de l'aile droite de la flottille. Il commanda ensuite une nouvelle division de vaisseaux et de frégates , entra dans la rade de l'île d'Aix, en présence et malgré le blocus de l'escadre anglaise , rallia sa division à l'escadre de l'amiral Villeneuve , au commandement duquel il succéda. En 1803 , il fut nommé préfet maritime de Toulon, et, pendant huit ans qu'il administra la préfecture du 6ᶜ arrondissement, il répara , par l'activité qu'il imprima aux constructions et aux armements , une grande partie des pertes qu'avait éprouvées notre marine ; il réforma un grand nombre d'abus , et se fit autant distinguer par la sagesse et la prévoyance de son administration, que par sa probité et ses talents. Nommé à la présidence du collége électoral du département du Var, il y recueillit les témoignages les plus flatteurs de l'estime et de la considération des notables d'un département qui avait été à même d'apprécier ses travaux et ses qualités personnelles. En 1811 , il fut appelé au commandement en chef de toutes les forces navales de la Méditerranée, et particulièrement d'une escadre où l'on comptait quinze vaisseaux et dix frégates construits, armés et équipés par ses soins, et vit ainsi son administration récompensée par la plus honorable distinction. Il manœuvra constamment en présence d'une escadre anglaise plus forte que la sienne , eut divers engagements , dont les résultats lui furent toujours favorables , dirigea et fit exécuter diverses croisières , missions et opérations importantes , protégea essentiellement le commerce , fit entrer à Toulon et à Marseille , et en fit sortir de nombreux convois , et les protégea si efficacement , qu'il ne perdit pas un seul bâtiment pendant les trois ans qu'il fut chargé de cet important commandement. Il avait aussi l'inspection de l'École spéciale de la marine , qui, par la nature de son institution , favorisait simultanément l'instruction théorique et pratique d'un certain nombre de jeunes élèves propres à former une excellente pépinière de bons officiers. Il fut successivement nommé grand-officier de la légion-d'honneur , grand-croix de l'ordre de la réunion , élevé au grade de vice-amiral , et promu , le 7 avril 1813 , à celui d'inspecteur-général des côtes. L'amiral Émeriau se montra constamment étranger à toute espèce de parti , et ici, comme dans les autres circonstances de sa vie , chaque avancement fut toujours la récompense d'un service rendu. Bloqué , dès le commencement de 1814 , par une escadre très-supérieure en forces , qui menaçait Toulon , et avait à sa

disposition vingt mille hommes de débarquement, il consentit, d'après les pressantes solli-
citations de M. le gouverneur de la 8ᵉ division
militaire, à se charger, dans une circonstance
aussi difficile, indépendamment des soins qu'exigeaient la conservation de la flotte, du commandement supérieur de tous les forts et batteries
destinés à couvrir le port, la rade et tout le littoral de Toulon; il renforça les batteries existantes,
en créa de nouvelles, éleva des redoutes, forma
des camps retranchés, fit placer son escadre
dans une bonne ligne d'embossage, et sut inspirer aux officiers, aux marins et aux troupes
sous ses ordres une telle confiance, et organisa
si bien et si promptement tous ses moyens de
défense, que, malgré l'infériorité de ses forces,
il réussit à imposer à l'ennemi et à le contenir.
Ce fut donc à sa prévoyance et à son infatiga-
ble activité qu'on dût la conservation du port
de Toulon, de son arsenal et de la plus belle
moitié de la marine française.

Dès qu'il connût la déchéance de Napoléon,
il s'empressa de faire arborer le pavillon blanc,
adressa au gouvernement sa soumission et celle
des officiers et marins sous ses ordres; fit pro-
clamer et reconnaître l'autorité du roi, et con-

clut, avec l'amiral Exmouth , un armistice qui assura la libre navigation des bâtiments français, et conserva ainsi à la France , sans éprouver la moindre perte , la superbe flotte qu'il commandait , et l'un des plus importants arsenaux maritimes du royaume. C'est aussi à ses soins qu'est due la prompte délivrance de 4000 Français détenus prisonniers dans l'île déserte de Cabrara, et qui depuis trois ans étaient exposés à toutes sortes de privations. Appelé à Paris par le ministre de la marine , il fut présenté au Roi qui daigna l'accueillir avec bonté et lui dire des choses flatteuses. Il fut ensuite nommé , par une ordonnance royale du 19 mai 1814, membre de plusieurs commissions qui avaient pour objet l'organisation à donner au corps de la marine et aux différentes parties de service. Le 9 juin il reçut du Roi la croix de Saint-Louis , et Sa Majesté le nomma, le 24 août suivant, grand-croix de la légion-d'honneur. Il fut, par ordonnance du 14 mars 1815 , nommé commandant en second d'une compagnie de gardes royales , destinées à la défense du trône , et composée d'une grande partie des personnes les plus distinguées de la marine. Le Roi passa , le 19 mars, la revue de cette compagnie de serviteurs dévoués et daigna en agréer le contrôle. Compris par Napoléon sur la liste des pairs, le comte Émeriau ne reçut aucune destination militaire, et fut, après le retour du Roi, conservé au nombre des premiers inspecteurs-généraux et vice-amiraux en activité, et admis à la retraite en juillet 1816, après 40 ans d'honorables services, dont un ami du prince et de la patrie ne voit le terme qu'avec regret, quand il sait de combien de qualités diverses se compose un homme de mer, et que la vie la plus longue suffit à peine à acquérir les connaissances qui constituent un chef de marine distingué.

THÉVENARD,

Capitaine de Vaisseau, commandant
l'Aquilon.

C'était un marin aussi brave qu'habile dans son art. Il trouva une mort glorieuse au combat d'Aboukir.

4

(5o)

RACCORD ,

Capitaine de Vaisseau , commandant
le PEUPLE SOUVERAIN.

Le capitaine RACCORD, était excellent marin ,
homme de courage ; il fut pourtant mis à la retraite peu de temps après le combat d'Aboukir.

BLANQUET DU CHAYLA ,

Contre-Amiral , ayant son pavillon à bord du
Vaisseau le FRANKLIN.

BLANQUET DU CHAYLA était entré dans le
corps de la marine royale en 1775. Il fit quinze
campagnes sur mer, pendant lesquelles il assista
à treize combats où il reçut plusieurs blessures.
Nommé contre-amiral en l'an 5 , et inspecteur
des côtes de la méditerranée en l'an 6 , il eut
le commandement de la deuxième division de
la flotte d'Égypte. La défense du FRANKLIN
qu'il montait est une des plus belles de ce combat ; il soutint un choc violent à portée de
pistolet contre cinq vaisseaux anglais. Il fut
blessé au visage par de la mitraille , au point

d'en perdre connaissance. Revenu de son éva-
nouissement , il fut surpris *qu'on ne tirât plus* ,
et comme on lui objecta qu'il n'y avait plus que
trois canons en état : *Eh bien , tirez toujours* ,
dit-il, *le dernier coup de canon est peut-être
celui qui nous rendra victorieux.* Avant la bataille , il avait soutenu avec énergie , dans le
conseil des amiraux et des capitaines , l'avis
de combattre à la voile. Calomnié ensuite dans
un rapport sur cette affaire , il provoqua un
jugement devant un conseil de guerre. Dès-lors
sa conduite fut soumise à un examen rigoureux , dont le résultat déposa hautement en sa
faveur. Il se retira volontairement du service en
1803, par suite des dégoûts dont il fut injuste-
ment abreuvé. Il est décédé le 29 août 1826.

GILET ,

*Capitaine de Vaisseau , commandant
le* FRANKLIN.

Il fut le digne compagnon de gloire du brave
Blanquet du Chayla , dans l'honorable combat
que soutint le vaisseau le FRANKLIN, contre 5
vaisseaux anglais , dans l'affaire d'Aboukir.

BRUEYS,

Amiral, ayant son Pavillon à bord du Vaisseau l'Orient.

L'amiral BRUEYS, lieutenant de la marine royale avant la révolution, fut nommé capitaine de vaisseau en 1792, contre-amiral en 1796. A cette époque il commanda une escadre de 6 vaisseaux de ligne, chargée de protéger Corfou et la mer adriatique, et de seconder les opérations du général Bonaparte en Italie. Il eut ensuite le commandement de la flotte lors de l'expédition d'Égypte. Il n'avait assisté ni commandé dans aucun combat avant celui d'Aboukir. S'il ne s'y conduisit pas en habile marin, il sut au moins mourir en brave. Atteint de deux balles, il ne voulut pas qu'on l'enlevât de son poste pour le panser. « Un amiral français, disait-il, doit mourir sur son banc de quart. » Il donnait encore ses ordres lorsqu'il fut emporté par un boulet.

CASABIANCA ,

Capitaine de Vaisseau , commandant l'ORIENT.

Le capitaine CASABIANCA , habile marin, était d'une grande bravoure et d'une rare intrépidité. Son jeune fils , âgé de 10 ans , le voyant blessé à la tête , voulut mourir à côté de son père , capitaine de pavillon du vaisseau amiral.

GANTHEAUME ,

Major-général à bord de l'ORIENT.

Il fit dans sa jeunesse partie de l'expédition destinée à la guerre d'Amérique , ainsi que les campagnes du Bailli de Suffren. En 1792, chargé du commandement d'un vaisseau de la compagnie des Indes , il pénétra par la mer rouge jusqu'à Suez. Nommé ensuite capitaine de vaisseau , il commanda une division qui , dans l'archipel, débloqua une escadre française retenue dans le port de Smyrne. Chef d'état-major de l'escadre attachée à l'expédition d'Egypte , il se trouva au combat d'Aboukir sur le vaisseau l'ORIENT , dont l'explosion faillit lui enlever la vie. On lui a reproché de n'avoir pas prévenu assez à temps le contre-amiral Blanquet du Chayla de la mort de l'amiral Brueys, afin que ce commandant en second de l'escadre put continuer les dispositions de la bataille, et en adoucir les désastres ; mais ce reproche peut être détruit par le désordre qu'amena l'incendie du vaisseau l'ORIENT, qui ne lui permit sans doute pas de transmettre un pareil avis. A la suite de ce combat, nommé contre-amiral, Gantheaume commanda une division navale qui fut chargée de quelques expéditions sur les côtes de l'Egypte et de la Syrie, pour faciliter les opérations de notre armée. Il ramena ensuite le général Bonaparte de l'Egypte en France, sur les frégates le MUIRON et le CARRAIRE. En 1799, il fut nommé conseiller-d'état et chargé du commandement de l'escadre de Brest, pendant lequel il prit une frégate anglaise et fit de vains efforts pour porter des secours à l'armée d'Egypte. En 1802 il dirigea l'expédition de St-Domingue, et fut nommé préfet maritime et vice-amiral. Nommé depuis au commandement de l'escadre de Brest, il alla ravitailler Corfou, bloqué par les Anglais. Cette expédition, conduite avec habileté, lui valut le grade d'in-

specteur-général des côtes de l'océan , **et de**
grand cordon de la légion-d'honneur. Ayant
donné son adhésion à la première déchéance
de Napoléon , il resta sans emploi pendant les
cent jours. Après le second retour du Roi en
France , il remplit à Toulon la périlleuse mission de soumettre le maréchal Brune et son
armée au nouvel ordre de choses , ce qui le
fit élever à la dignité de pair de France. Il est
mort le 28 novembre 1818 , laissant la réputation
d'un heureux marin.

DU PETIT THOUARS ,

Capitaine de Vaisseau , *commandant*
le Tonnant.

Le brave Du Petit Thouars s'était , dans sa
jeunesse , distingué au combat d'Ouessant , à
la prise du fort St-Louis du Sénégal , au combat de la Grenade et à un grand nombre d'autres affaires. En 1792 il fit partie de l'entreprise maritime qui se dévoua à la recherche du
naufrage de la Peyrouse. Au combat d'Aboukir ,
il avait partagé l'avis de l'amiral Blanquet du

Chayla , de ne pas combattre l'ennemi au mouillage , mais bien à la voile. C'est un des marins qui ont le plus honoré la marine française.

ETIENNE ,

Capitaine de Vaisseau , commandant
*l'*Heureux.

Blessé au combat d'Aboukir , il fut placé au nombre des officiers qui se distinguèrent le plus dans cette affaire.

CAMBON ,

Capitaine de Vaisseau , commandant
le Mercure.

Il avait servi dans la marine marchande avant la révolution ; employé depuis lors comme officier , il parvint bientôt au grade de capitaine de vaisseau , et se conduisit en brave au combat d'Aboukir où il fut blessé.

VILLENEUVE,

Contre-Amiral, ayant son Pavillon sur le Vaisseau le GUILLAUME-TELL.

Le contre-amiral VILLENEUVE avait servi, comme officier de marine, avant la révolution, dont il adopta les principes. Il fut presque toujours employé dans nos campagnes maritimes, où il acquit le grade de capitaine de vaisseau et ensuite celui de contre-amiral.

Comme au combat d'Aboukir il parvint à sauver sa division et à joindre l'île de Malte avec trois vaisseaux, il fut élevé au grade de vice-amiral, et chargé du commandement en chef de l'escadre française et espagnole, qui livra les batailles du cap Finistère et de Trafalgar, ainsi qu'on le verra ci-après.

DECRÈS,

Contre-Amiral, embarqué à bord de la Frégate la DIANE.

A l'âge de 18 ans, n'étant encore que garde de la marine, il se distingua dans la bataille livrée en 1781 dans les Antilles, par la flotte du comte de Grasse , en allant porter , sous le feu de l'escadre anglaise , à un vaisseau français , sur le point de tomber au pouvoir de l'ennemi , un câble à la faveur duquel il fut sauvé. Lieutenant de vaisseau en 1786 , il fut , dans l'Inde , major d'une division navale. Au combat d'Aboukir il commandait , comme contre-amiral , l'escadre légère d'observation , et après ce désastre il se réfugia à Malte , avec une partie de la division du général Villeneuve. Il sortit de cette île environ dix-huit mois après sur le vaisseau le GUILLAUME-TELL qu'il commandait, se jeta au milieu d'une escadre anglaise, combattit vaillamment , fut écrasé et pris par l'ennemi , après la résistance la plus glorieuse , pendant laquelle il se plaignait qu'*il n'y eût pas un boulet de faveur pour lui.* Il fut ensuite successivement nommé préfet maritime , inspecteur-général des côtes de la méditerranée , vice-amiral , ministre de la marine , sénateur , grand-officier de l'empire , enfin élevé à la dignité de duc en 1813. Pendant l'interrègne des cent jours, il reprit le portefeuille de la marine et fut nommé pair de la chambre de Napoléon. Il décéda le 7 décembre 1820 , par l'effet de l'explosion d'une machine infernale dressée sous son lit , sans qu'on ait pu connaître les véritables causes de ce malheureux accident , si ce n'est que son domestique se souilla d'un lâche assassinat sur la personne de son maître et de son bienfaiteur.

L'administration du duc Decrès ne s'est faite remarquer que par la construction de 93 vaisseaux de ligne , 60 frégates , les beaux travaux de Cherbourg et ceux du port d'Anvers ; mais elle a été frappée d'une désapprobation presque générale sur les autres opérations. C'est sous son ministère qu'eurent lieu les plus grands désastres de la marine française.

VAISSEAUX

COMPOSANT L'ARMÉE NAVALE DE S. M. B.

Sous les ordres de l'Amiral NELSON.

———

Il n'a pu prendre part au combat, s'étant échoué sur les açores du banc.	LE CULLODEN..	74 c. FRONBIDGE.
	LÉANDER.......	5o — THOMPSON.
	AUDACIOUS.....	74 — GOULD.
	ZÉALOUS	74 — SAMUEL HOOD.
	GOLIATH.......	74 -- VOLEY.
Désemparé de tous ses mâts.	BELLÉROPHON..	74 -- DARBY , blessé.
Idem.	MAJESTIE	74 — WESCOTT , tué.
Désemparé de ses mâts de hune.	DEFENCE.......	74 — PEYTON.
	WANGUARD....	74 — { NELSON , amiral , blessé. BERRY , capit.
	MINAUTAUX....	74 — LOUIS.
	ORION	74 — SAUMARÉS,bles.
	SWISTSURE.....	74 — HALLOWAY.
	THESEUS.......	74 — MILLES.
	ALEXANDER....	74 — BALL , blessé.
Mouillé à côté du Culloden , pour lui donner secours,	Brick la MUTINE.	14 — HARDY.

———

CHAPITRE II.

Réflexions sur le combat d'Aboukir.

Le succès de la belle expédition d'Egypte parut assuré dès l'instant que notre flotte, après la plus heureuse navigation, eut atteint le port d'Alexandrie. On sait que le général Bonaparte, sitôt après le débarquement de son armée, avait donné l'ordre à l'amiral Brueys d'entrer dans cette rade de l'Egypte ou d'aller à Corfou. Cet amiral prit la détermination d'aller faire prendre à son escadre un mouillage à la pointe d'Aboukir, où elle demeura pendant près d'un mois ; mais il est utile de savoir ce qui se passa avant d'adopter ce parti.

Après le débarquement des troupes qui composaient l'armée d'Egypte, l'amiral Brueys fit sonder à l'entrée du port vieux d'Alexandrie, au nord duquel l'escadre était mouillée, dans l'intention d'y faire entrer tous les vaisseaux ; mais l'inégalité du fond de la passe, qui tantôt offrait vingt-cinq pieds dans un espace très-resserré, tantôt dix-neuf et vingt pieds, toujours un fond de roche partout, s'opposa au projet de l'amiral [1]. Aucun des pilotes du pays ne voulut se charger de cette opération, malgré l'appât des sommes proposées par l'amiral ; l'avancement de grade et d'autres récompenses ne purent décider aucun officier à faire un pareil essai. Ce n'est pas qu'en employant les moyens usités en pareil cas, on eut fait entrer tous les vaisseaux dans le port ; mais ces moyens exigeaient du temps, et encore fallait-il être dans une rade sûre, pour les mettre à exécution, et non sur un mouillage où l'on était exposé non-seulement à toute la fureur des vents et de la mer, mais encore

---

1. Le capitaine de frégate Barré avait reçu la mission de reconnaître et de sonder les passes du port vieux d'Alexandrie. Son rapport fut qu'*en dernière analyse il pensait que les vaisseaux pouvaient passer avec les précautions d'usage.* L'amiral Brueys n'adopta pas cet avis, sur le motif que l'escadre française serait obligée de passer sur un fond de 27 pieds, et que les vaisseaux de 74, qui en tirent 22, pourraient courir le risque de se perdre dans les passages étroits.

à l'attaque de chaque instant par l'ennemi. Tous ces inconvénients obligèrent l'amiral Brueys d'appareiller avec son escadre pour aller prendre le mouillage sur la rade d'Aboukir , où elle jeta l'ancre le même soir du jour qu'elle avait appareillé de devant Alexandrie [1].

Les funestes résultats du combat d'Aboukir ne sont pas l'effet d'une trahison , comme l'ont prétendu quelques personnes exagérées , prévenues ou peu éclairées , mais bien celui du hasard, de l'audace et de la fortune.

Il ne fallait pas avoir un génie bien trascendant pour concevoir un plan d'attaque désigné par notre position. Plusieurs officiers avaient déjà prévu et prédit ce que l'amiral Nelson a si heureusement exécuté dans l'intérêt de sa nation

---

[1]. Deux ans après , les Anglais ayant pris possession d'Alexandrie , firent sonder les passes du port ; ils reconnurent que celle du milieu avait dans sa moindre profondeur cinq brasses d'eau. Si l'amiral Brueys s'en était assuré pendant le temps qu'il resta devant Alexandrie , notre escadre aurait été sauvée et cet événement aurait pu assurer à la brillante expédition d'Egypte un succès plus heureux et surtout plus durable.

et de sa gloire , malgré l'opinion erronée de nos chefs , qui pensaient que l'avant-garde ne pouvait être attaquée à cause du banc qui paraissait la couvrir avec sécurité.

Il est certain que si l'opinion du contre-amiral Blanquet du Chayla, celle d'appareiller et d'aller à la rencontre de l'ennemi, eut prévalu , jamais l'amiral Nelson n'eût remporté un avantage aussi décisif , quoiqu'il eût à bord de ses vaisseaux des équipages nombreux , composés de marins d'élite. L'amiral Brueys avait d'abord paru vouloir prendre ce parti ; mais réfléchissant peut-être sur la faiblesse de nos équipages , il se décida de combattre à l'ancre , malgré le grand désavantage d'une pareille position , lorsque la ligne d'embossage n'était pas à portée d'être soutenue par des batteries à terre.

Quoique notre ligne ne fût pas assez serrée pour soutenir une attaque aussi désespérée que celle qu'entreprit l'ennemi, en portant toutes ses forces sur une partie de notre escadre , néanmoins, si l'amiral Brueys n'eût pas été tué dans les premiers moments de l'action , il aurait pu faire exécuter quelque mouvement susceptible d'empêcher la destruction de l'escadre ; car, par la position que l'ennemi avait prise en mouillant après avoir traversé la ligne et mis notre avant-garde entre deux feux, il n'y avait qu'un seul ordre à donner et qui frappait les sens de tout officier ; c'était de faire couper les câbles à tous les vaisseaux de l'arrière qui étaient réduits à jouer le rôle de tranquilles spectateurs du combat, et de les faire appareiller en prenant les amures à bâbord. Ces vaisseaux, après avoir couru leur bordée d'une manière suffisante dans le N.-E., auraient alors viré de bord, et se trouvant soutenus par le courant, ils seraient venus prendre la tête de la ligne. L'ennemi se trouvant alors lui-même entre deux feux, attaqué par des vaisseaux frais, aurait été forcé d'abandonner sa position et de se laisser aller sous le vent. Par ce mouvement, notre avant-garde aurait été dégagée, les équipages auraient repris haleine, et l'on se serait disposé à soutenir une seconde attaque, en cas que l'ennemi fut revenu à la recharge, ce qui lui aurait été difficile, alors que plusieurs de ses vaisseaux se trouvaient dé-semparés.

Planche 3. Fig. 1.

En supposant même que l'amiral Nelson voyant appareiller notre arrière-garde, se fut déterminé d'aller la combattre, il aurait été obligé de faire couper les câbles à ses vaisseaux et

Planche 3. Fig. 2.

d'abandonner la tête de notre ligne ; alors, celle-ci , qui n'était pas encore trop désemparée , aurait pu appareiller à son tour ; ou bien si l'ennemi avait voulu laisser quelques vaisseaux mouillés pour tenir tête à notre avant-garde , il se serait affaibli de quelque côté , et il n'aurait pu combattre avec le même avantage et la même sécurité , puisqu'il avait déjà trois vaisseaux sur lesquels il ne pouvait plus compter : tels étaient le CULLODEN qui s'était échoué, le BELLEROPHON et le MAJESTIE , qui ayant osé combattre par le travers du vaisseau L'ORIENT , avaient été désemparés et mis hors d'état de manœuvrer. Il serait résulté de là que les Anglais , obligés de combattre à forces égales par le travers, et non deux et trois contre un , par la hanche et par les bossoirs des vaisseaux français , auraient pu éprouver des avaries qui les eussent forcés à la retraite , ou peut-être même à faire côte. Quant à nos vaisseaux, étant maîtres du pays , ils n'avaient qu'à reprendre le mouillage pour se réparer , au lieu que l'ennemi, denué de tout, même de subsistances , aurait éprouvé bien de la peine pour se tirer d'embarras. Après la mort de l'amiral Brueys , le contre-amiral Blanquet du Chayla ne put prendre la direction de l'escadre et du combat. Aucun signal, aucun avis ne lui avaient appris la perte de son général, soit à cause des ombres de la nuit, soit à cause des vapeurs de la fumée du combat, soit par l'effet de l'incendie de l'ORIENT.

Quelques personnes qui n'ayant point assisté au combat, et qui, étrangères aux connaissances maritimes et aux positions des localités, ne peuvent faire autorité sur ce malheureux événement, ont néanmoins avancé que l'escadre française avait été mouillée trop au large, ou que l'on aurait dû couler des bâtiments marchands en tête de la ligne, pour empêcher l'ennemi de la doubler. L'escadre n'avait pu mouiller plus près de la côte, puisque à une encâblure et demie de notre mouillage, se trouvaient des bancs et le haut fond. Quant à l'idée de couler des bâtiments, il aurait fallu que l'amiral Brueys en eut à sa disposition, et fut d'ailleurs certain que notre long séjour au mouillage donnerait à l'ennemi l'occasion de venir nous y attaquer.

Il faut pourtant avouer que la première faute est de n'avoir pas complété nos équipages avec les marins des bâtiments qui étaient restés dans le port d'Alexandrie. On pense que la disette des vivres à bord de l'escadre en a peut-être été

la cause; de là s'ensuivit la nécessité de combattre à l'ancre par rapport à la faiblesse des
équipages français. Tous les marins éclairés connaissent le désavantage de cette position en présence de vaisseaux sous voiles lorsqu'ils viennent
attaquer simultanément une partie de la ligne,
tandis que l'autre est forcée de demeurer tranquille
spectatrice de la destruction de la portion déjà
aux prises avec un ennemi supérieur en force,
plein de hardiesse et d'expérience.

Cependant, malgré tous ces contre-temps, il est
vraisemblable, d'après l'aveu même de plusieurs
officiers anglais, que sans le funeste accident
de l'embrâsement et de l'explosion du vaisseau
l'ORIENT, nous pouvions encore être maîtres du
champ de bataille. Ces officiers ont reconnu,
avec juste raison, que la terrible catastrophe de
ce vaisseau avait puissamment contribué au succès de cette journée pour la marine anglaise.
En effet, si ce bâtiment n'eût pas pris feu, alors
même que l'arrière-garde n'eût fait aucun mouvement, nous n'avions qu'à filer douze à quinze
brasses de câble, en tenant bon sur le grelin
d'embossage pour paralyser un échec. Par ce
moyen, nous présentions le côté de tribord aux
vaisseaux ennemis mouillés à tribord de nos

vaisseaux de tête , et le côté de bâbord à l'A-
LEXANDER qui faisait un carnage horrible à l'O-
RIENT, et en armant des deux bords sa batterie de
36, comme nous l'avions fait, il est probable
que nous aurions dégagé au moins d'un bord
notre avant-garde qui n'aurait plus eu à combattre que les vaisseaux qui avaient traversé
la ligne : par là , l'ALEXANDER aurait subi le
même sort que le BELLEROPHON et le MAJES-
TIE. L'amiral anglais étant alors forcé de faire
prolonger la ligne à son armée , l'engagement
serait devenu général ; peut-être même , en voyant qu'il n'aurait pu entamer ni la tête ni le
centre de notre ligne , et ne voulant pas exposer ses vaisseaux déjà en partie dégréés contre
des vaisseaux frais et les plus forts de notre
escadre, il eût pris le parti de s'éloigner, en
laissant quelques vaisseaux canonner pour couvrir sa retraite. Mais l'explosion du vaisseau
l'ORIENT ayant obligé quelques vaisseaux de
l'arrière de couper leurs câbles pour s'éloigner
de ce foyer d'incendie et éviter de prendre feu,
la ligne fut rompue et le désordre et la confusion se mêlèrent partout. Plusieurs vaisseaux
combattirent vigoureusement pendant la nuit ,
mais sans ensemble et sans ordre et seulement

pour répondre au feu de l'ennemi. Le jour vint enfin éclairer nos fautes et nos malheurs alors sans moyens de les réparer. Notre défaite fut complette ; tout fut perdu, à l'exception de deux vaisseaux et de deux frégates qui s'échappèrent en prenant le large : le reste fut pris, brûlé ou coulé bas.

Que les grands revers nous servent au moins de guide et de flambeau pour éclairer l'avenir. C'est dans cette vue que l'on a rédigé ces observations, pour que les officiers de marine puissent y puiser des leçons ou qu'ils soient à même de les discuter et de rectifier ce qu'elles peuvent offrir d'inexact ou d'erroné. Quoiqu'il en soit, c'est dans d'aussi graves événements que tous les ressorts du génie, du savoir, de l'expérience et du courage, doivent être mis en action. Cette noble vérité sera toujours sentie par l'officier français, constamment animé de l'ardent désir de faire triompher sa patrie de ses implacables ennemis [1].

---

1. On peut relever dans la conduite de l'amiral Brueys trois fautes principales, qui ont amené la destruction de l'escadre : la première est celle de n'avoir pas élevé

CHAPITRE III.

Relation du combat à l'ouest du cap Finistère.

Les prodiges de l'armée d'Egypte , les triomphes des batailles de Marengo et de Hohenlinden , l'avènement au consulat du général Bonaparte , l'habile administration d'un nouveau gouvernement réparateur , devant lequel le désordre général et les discordes civiles s'anéantirent ; enfin , la paix d'Amiens , avaient enseveli dans

---

sur la côte de la baie d'Aboukir assez de batteries armées pour protéger l'escadre ; la deuxième c'est d'avoir voulu combattre à l'ancre , lorsque le moyen de la voile présentait des avantages bien supérieurs d'attaque et de défense , même avec de faibles équipages ; et la troisième est celle de n'avoir pas fait appareiller la division de l'arrière-garde pour venir au secours de nos vaisseaux attaqués par l'ennemi.

l'oubli le désastre du combat naval d'Aboukir, ainsi que les grands malheurs éprouvés par la France.

Cependant l'Angleterre ne tarda pas à violer son traité de pacification avec elle. *Détruire cette nouvelle Carthage* fut la pensée de Napoléon, qui trouva de l'écho dans les cœurs français. Cet immense projet était digne de son génie et de sa haute ambition. Il crut alors que le moment de faire une descente dans la Grande-Bretagne était arrivé ; il rassembla au camp de Boulogne une armée de 200,000 hommes, et sur les côtes de la Manche environ 3,000 chaloupes canonnières. Pour que cette flottille pût traverser la Manche, il fallait ou la protéger par des forces navales imposantes, ou écarter de ses côtes les escadres anglaises, en les occupant sur d'autres points fort éloignés par leur dispersion sur les mers de l'Inde. On prétend que ce dernier plan fut celui de Napoléon.

Quoiqu'il en soit, il devait être réuni 64 vaisseaux de ligne sous le commandement supérieur de l'amiral Villeneuve, dont 28 français, 18 espagnols sous le pavillon du général Gravina, 10 hollandais sous celui de l'amiral Verhuel, et 8 du Danemarck. C'est sans doute pour coopérer à l'exécution d'un aussi grand projet, que l'amiral de Villeneuve sortit, en 1805, du port de Toulon, avec l'escadre française ; il parvint à faire sa jonction avec les forces navales espagnoles réunies à Cadix sous le commandement de l'amiral Gravina. Ces deux flottes se rendirent aux îles du Vent, pour se renforcer de celles sous les ordres du contre-amiral de Missiessy, qu'elles ne purent atteindre, et qui prématurément avait opéré sa rentrée à Rochefort [1]. Elles revinrent alors en Europe, et pendant leur retour elles rencontrèrent, à l'ouest du cap Finistère, l'escadre anglaise commandée par l'amiral Calder [2]. C'est là qu'eut lieu le combat dont nous allons présenter le récit.

Le 3 du mois de thermidor an 13 (22 juillet 1805), à 5 heures et demie du matin, le vent

---

1. Le bruit courut alors que le retour prématuré de l'amiral Missiessy, sans avoir attendu l'escadre de Toulon, avait fait manquer une expédition importante.

2. Cette escadre avait reçu l'avis du retour en Europe de la flotte combinée, et après s'être réunie à celle de l'amiral Sterling, elle naviguait pour aller à sa rencontre.

étant à l'O.-N.-O. joli frais, sous une brume épaisse par intervalle, l'escadre combinée française et espagnole naviguait sur trois colonnes ; les vaisseaux espagnols, qui formaient celle de droite, gouvernaient à l'E. quart S.-E., sous une voilure proportionnée à la marche des mauvais voiliers. L'amiral de Villeneuve, qui la commandait en chef, fit signal à l'armée de faire branle-bas de combat et d'étalinguer les câbles. L'épaisseur de la brume, l'approche de la terre et les avis qu'il avait eus par la rencontre d'un bâtiment neutre, de la présence d'une escadre anglaise dans ces parages, rendaient de pareilles dispositions infiniment nécessaires.

Vers les onze heures et demie, la brume s'étant un peu dissipée, le vaisseau l'INDOMPTABLE signala dix voiles dans le N.-N.-O. En même temps l'amiral signala à l'armée de gouverner au N.-N.-E., pour se rapprocher des bâtiments qu'on apercevait. A midi, la latitude nord observée dans un moment d'éclairci, était de 43° 39′, et la longitude occidentale, méridien de Paris, de 13° 56′.

A une heure après midi, l'amiral signala à l'armée vingt-une voiles au N.-N.-E. se dirigeant vers le sud. Une demi-heure après, il signala

(Tactique navale art. 16) l'ordre de marche sur une ligne, que les vaisseaux prissent un rang composé dans les eaux, les uns des autres, en suivant la route et les mouvements du vaisseau de tête. La brume n'était par fort épaisse et l'on découvrait déjà des bâtiments ennemis en avant qui venaient reconnaître l'escadre française et espagnole de Villeneuve. A deux heures, l'amiral fit signal (T. art. 44) de former la ligne de bataille bâbord amures, et une demi-heure après, celui à chaque vaisseau de se tenir à une demi-encâblure de distance. Il fit aussi le signal à l'escadre légère, à l'ALGÉSIRAS et à l'ACHILLE, de se ranger à la queue de la ligne.

L'escadre anglaise était alors environ à trois quarts de lieue sous le vent, au nombre de vingt-une voiles, parmi lesquelles on distinguait quinze vaisseaux, quatre frégates et deux lougres ; elle tenait le vent et paraissait vouloir doubler notre arrière-garde. La brume s'étant épaissie de nouveau, la frégate la SYRÈNE, qui était de l'arrière, donnant la remorque à un galion espagnol repris sur l'ennemi, perdit de vue le corps de l'armée combinée et se trouva dans un éclairci à la portée de canon de deux vaisseaux et d'une frégate ennemis, qui étaient

Planche 4.
1re position
dans ses eaux sous les mêmes amures. Comme elle ne pouvait faire usage de pavillons, qui n'auraient pas été aperçus, elle tira trois coups de canon pour faire remarquer à l'amiral sa position et celle de l'ennemi. Celui-ci aurait pu, à la faveur de la brume, envelopper notre arrière-garde et couper les vaisseaux l'ALGÉSIRAS et l'ACHILLE, qui, ne venant pas prendre leur poste, étaient restés au vent. Ce signal ne fut pas inutile, car l'amiral de Villeneuve donna aussitôt l'ordre à l'armée de virer de bord lof Planche 4.
2e position. pour lof par la contre-marche et de serrer un peu plus la ligne ; il était alors environ 4 heures et demie. Peu de temps après, le vaisseau espagnol l'ARGONAUTA, chef de file de l'avant-garde, commandé par l'amiral Gravina qui avançait à travers la brume, engagea le combat contre les vaisseaux ennemis les plus avancés. Ceux-ci arrivèrent pour rallier leur escadre et éviter d'en être séparés ; la brume était devenue si épaisse, qu'on ne distinguait plus la position des vaisseaux combattants que par le bruit du canon et l'approche des boulets ; il n'était pas possible de bien juger la position de l'ennemi ; il profita de cette circonstance pour former sa ligne de bataille sous le vent. A six heures un

quart la brume s'étant dissipée , l'ennemi parut
alors sous le vent à demi-portée de canon , et
le combat s'engagea sur toute la partie de notre
ligne , depuis le vaisseau l'INTRÉPIDE jusques
à la tête de l'avant-garde [1]. Le feu était soutenu et vif de part et d'autre. A sept heures et
demie du soir l'escadre ennemie avait sa ligne
très-étendue et séparée en trois pelotons ; le
premier , qui était composé de six vaisseaux ,
dont un à trois ponts , combattait la division
espagnole à l'avant-garde ; le second , formé de
trois vaisseaux , était au centre par le travers
du vaisseau le PLUTON et du MONTBLANC , qui
gouvernaient en combattant pour serrer la ligne
vers l'avant-garde [2] ; et le troisième , composé

Planche 5.
3e position

---

1. Ce vaisseau (l'Intrépide) de 74 fut attaqué par
un vaisseau anglais à trois ponts qui fut obligé de se
retirer du combat après avoir infiniment souffert. Le
brave capitaine De Peronne paya de sa vie ce moment
de triomphe.

2. Le capitaine Cosmao , commandant le PLUTON ,
vint au secours du vaisseau l'ESPAGNA , prêt à tomber
entre les mains de l'ennemi , et le sauva ; il montra
le même dévouement pour garantir le FIRMO , qui fut

de six vaisseaux , parmi lesquels était le vaisseau amiral à trois ponts , démâté de son mât de petit hunier, combattait vers le centre où se trouvaient l'ATLAS , le NEPTUNE , le BUCENTAURE , le FORMIDABLE et l'INTRÉPIDE. Notre ligne était également très-étendue , malgré l'ordre plusieurs fois réitéré de l'amiral, de la serrer. Les frégates l'HORTENSE et la THÉMIS signalaient que nos vaisseaux de tête et de l'arrière-garde ne combattaient pas , alors qu'ils n'avaient pas d'ennemis par le travers. En effet, les deux vaisseaux espagnols , en tête de la ligne , se trouvaient trop en avant de leur division , et six de notre arrière-garde , commandée par le contre-amiral Magon , s'étant laissé arriérer , ne pouvaient prendre part au combat. A sept heures et demie , un des vaisseaux espagnols , le FIRMO , fut démâté de son grand mât et de son mât d'artimon ; et un autre , le SAINT-RAPHAEL , ayant eu l'itague de son grand hunier coupée , restait avec sa voile

Planche 5.
4e position

moins heureux. Le vaisseau l'ATLAS combattit aussi vaillamment. Le capitaine Rolland , son commandant , fut blessé grièvement.

amenée. Il paraissait néanmoins pouvoir tenir le vent avec les basses voiles amarrées. Notre corps de bataille, où se trouvait l'amiral, combattait vivement l'amiral ennemi ; et trois autres de nos vaisseaux, arrivant par sous le vent, étaient venus prendre ses eaux pour le soutenir. Cependant, la nuit étant survenue très-obscure, les deux vaisseaux espagnols désemparés tombèrent en dérive dans la ligne anglaise, dont les vaisseaux avaient éprouvé bien des avaries. L'amiral Calder, profitant de l'obscurité de la nuit pour couvrir son mouvement, fit virer de bord à son escadre pour se retirer du feu, et s'empara de ces deux vaisseaux. Il était environ neuf heures, le feu qui partait de toute l'étendue de la ligne donna à connaître que notre arrière-garde prenait enfin part au combat. L'action paraissait chaude et générale ; mais un quart d'heure après le feu cessa de part et d'autre : ce fut lorsque l'ennemi eût prolongé notre ligne à contre bord, pour opérer sa retraite, que le combat fut terminé.

L'obscurité de la nuit ne permit plus à l'amiral de Villeneuve, ni aux frégates, ni aux bâtiments éclaireurs, de connaître les mouvements et la situation de l'ennemi. Celui-ci prit grand soin de cacher ses feux pour s'éloigner clandestinement, en entraînant les deux vaisseaux espagnols dont nous avions à présumer le sort. Dans cette conjoncture, les escadres française et espagnole ont dû conserver leur position et l'avantage du vent, en gardant les amures à tribord. Tous les vaisseaux ont tenu leurs feux allumés pendant la nuit, et les généraux lançaient des fusées par intervalle, pour marquer leur position et tenir les vaisseaux ralliés à la ligne de bataille.

Planche 7.
6e position

Cependant le 4, au point du jour, n'apercevant plus l'escadre anglaise, l'amiral de Villeneuve fit signal de virer de bord lof pour lof à tous les vaisseaux en même-temps. Ce mouvement fut promptement exécuté et nous manœuvrâmes pour aller à la recherche de l'ennemi que nous reconnûmes à 7 heures du matin, sous le vent, à 3 lieues de distance, faisant route au N.-N.-E. Pendant la journée nous n'avons cessé d'évoluer en lui donnant la chasse pour l'approcher. L'amiral, étant dans l'intention d'engager une action décisive, passa à bord de la frégate l'HORTENSE, afin d'être mieux à portée de faire exécuter ses ordres et de profiter plus convenablement des chances favorables que les circonstances pourraient faire naître. Mais pendant la nuit du 4 au 5 , le vent ayant molli et varié au N.-N.-E. , l'ennemi se trouva au vent de notre escadre et fit tous ses efforts pour éviter un second engagement , en se tenant le plus près du vent. Dans la matinée du 5 , nous avons encore évolué et manœuvré pour tâcher d'approcher l'ennemi, mais il fut constant dans son plan de retraite.

L'amiral de Villeneuve , convaincu que tous les mouvements qu'il exécutait ne sauraient attirer les Anglais au combat, puisqu'ils serraient constamment le vent et qu'il n'y avait plus que quelques-uns de leurs vaisseaux en vue ; se détermina à abandonner la chasse et fit route pour venir sur la côte d'Espagne. Là nous devions rallier , au Ferrol, une escadre composée de vaisseaux français et espagnols , et c'était pour empêcher cette réunion , que l'amiral Calder avait reçu la mission d'aller à la recherche de M. l'amiral de Villeneuve et de son escadre.

Le 13 prairial an 2 (1er juin 1794) , il fut également livré au cap Finistère un célèbre combat naval entre l'escadre française composée de 26 vaisseaux de ligne , sous le commandement du vice-amiral Villaret de Joyeuse, contre une flotte anglaise, formée d'un égal nombre de vaisseaux sous les ordres de l'amiral Howe : le résulat n'en fut désastreux, pour la marine française, que par l'effet de la lâcheté et de l'impéritie du conventionnel Jambon-St-André, qui était investi du commandement supérieur de l'armée navale de la France.

Mais cette bataille sera toujours pour notre patrie un des plus beaux monuments maritimes élevé à la gloire de nos marins; leur magnanime courage et leur héroïque dévouement les ont placé au-dessus de tous les éloges. C'est-là qu'eût lieu cette admirable affaire du vaisseau le VENGEUR, dont le nom est devenu impérissable, et que les chants lyriques de Lebrun et d'autres poètes ont si glorieusement transmis à la postérité.

(83)

VAISSEAUX

Composant l'Escadre Française

SOUS LES ORDRES DE L'AMIRAL

DE VILLENEUVE.

Division Espagnole formant l'avant-garde.

ARGONAUTA...... 80 c. GRAVINA, amiral.

TERRIBILE .... 64 — MONTDRAGON, capitaine.

ESPANA........... 64 — MONINS, capitaine.

S.T - RAPHAEL..... 74 — MONTÈS, c. (désemparé et pris pendant la nuit.)

AMERICA .... 64 — DARREC, capitaine.

FIRMO............ 64 — VILLA-VINCENTRO, capit.[e]

(Démâté et pris pendant la nuit).

Le PLUTON....... 74 — COSMAO, capitaine.

Le MONT-BLANC.. 74 — LAVILLEGRIS, capitaine.

Le BERWICK...... 74 — CAMAS, capitaine.

L'ATLAS.......... 74 — ROLLAND, capit., blessé.

Le NEPTUNE ..... 80 — MISTRAL, capitaine.

Le BUCENTAURE.. 80 — { DE VILLENEUVE, amiral. / MAGENDIE, capitaine.

Le FORMIDABLE.. 80 — { DUMANOIR , contre-amiral.
{ LETELLIER , capitaine.

L'INTRÉPIDE...... 74 — DEPÉRONNE , cap.ᵉ , tué.

Le SWISTSURE.... 74 — VILLEMANDRIN , capitaine.

L'INDOMPTABLE.. 80 — HUBERT , capitaine.

Le SCIPION....... 74 — BERENGER , capitaine.

L'AIGLE.......... 74 — COURÈGE , capitaine.

L'ALGÉSIRAS..... 74 — { MAGON , contre-amiral.
{ TOURNEUR , capitaine.

L'ACHILLE....... 74 — NIEWPORT , capitaine.

FRÉGATES

FAISANT PARTIE DE LA MÊME ESCADRE.

S.ᴛᴀ-MAGDALENA..... 40 c.

Le RHIN............. 44 — INFERNET.

La CORNÉLIE........ 44 — MARTINENQ.

La THÉMIS.......... 40 — JUGAN.

L'HORTENSE........ 44 — LAMEILLERIE.

La SYRÈNE.......... 40 — CHABERT.

L'HERMIONE........ 44 — MALSÉ.

La DIDON........... 44 — MILIUS.

BRICKS.

Le FURET........... 14 c.
L'ARGUS........... 14
La NAYADE......... 14

FLOTTE ANGLAISE
SOUS LE COMMANDEMENT DE L'AMIRAL
CALDER.

HÉRO, de 74 ; AJAX, de 80 ; TRIUMPH, de 74 ; BAR-FLEUR, de 100 ; AGAMEMNON, de 64 ; WINDSOR-CASTLE, de 100 ; DÉFIANCE, de 74 ; PRINCE DE WALES, de 100 ; REPULSE, de 74 ; RAISONNABLE, de 64 ; GLORY, de 100 ; THUNDERER, de 74 ; MALTA, de 80 ; DRAGON, de 74 ; WARRIOR, de 74 ; ÉGYPTIENNE, le SYRIUS, frégates ; FRISK, cutter ; NILE, lougre.

CHAPITRE IV.

Réflexions sur le combat à l'ouest du cap Finistère.

Il est peu d'engagements maritimes qui puissent présenter des chances plus favorables aux escadres françaises, que celui qui eût lieu le 22 juillet 1805, entre l'armée navale combinée de France et d'Espagne, sous les ordres du vice-amiral de Villeneuve, et celle de S. M. B. sous les ordres de l'amiral Calder. Tout ce qu'on peut désirer d'heureux paraissait s'être réuni dans cette affaire. L'avantage du vent nous donnait le choix des mouvements et de l'attaque; nous avions la supériorité numérique de vaisseaux, et la pratique des manœuvres distinguait nos marins qui l'avaient perfectionnée depuis qu'ils tenaient la mer. Mais l'amiral de Villeneuve en disant, au moment de combattre, que son intention n'était que de harceler l'ennemi, annonçait assez que ses instructions lui prescrivaient moins d'engager une affaire sérieuse et décisive , que de remplir les instructions du gouvernement, pour réunir seulement les diverses escadres française et espagnole sous son pavillon. De là sans doute aucun mouvement offensif n'a été fait de la part de l'escadre combinée. Toutefois , il en naît cette vérité , qu'il est indispensable , pour un amiral français qui a un grand nombre de vaisseaux à mettre en action , de se conformer à l'arrêté du gouvernement , qui l'autorise à passer sur une frégate le jour du combat. Si l'amiral de Villeneuve eut pris ce parti le même jour de l'engagement de cette action , et non le lendemain comme il le fit tardivement , il est certain qu'il aurait profité de tous les avantages que sa position au vent de l'ennemi , hors de la ligne et de la fumée, n'eut pas manqué de lui donner , surtout après que la brume se fut entièrement dissipée.

L'escadre combinée était en ligne de bataille, les amures à bâbord au vent de l'escadre anglaise. Celle-ci , usant de sa tactique ordinaire, celle d'attaquer et d'envelopper , avec toutes ses forces , une partie de l'escadre ennemie , se portait en peloton sur notre arrière-garde, dans le dessein de la séparer du corps de l'armée , ce qu'elle aurait pu facilement effectuer à la faveur de la brume. Mais la frégate la Syrène, se trouvant tout-à-coup dans un éclairci à demi-portée de canon de quelques vaisseaux ennemis, qui avaient viré de bord dans ses eaux pour exécuter leur plan d'attaque, son capitaine fit tirer trois coups de canon pour prévenir l'amiral de Villeneuve [1]. Les pavillons de signaux déjà faits ne pouvaient guères être aperçus à cause de la brume épaisse qui obscurcissait l'horizon. L'amiral de Villeneuve ayant jugé sa position, fit

---

[1] Cette frégate était commandée par le capitaine Chabert. Cet officier est entré au service en 1774, comme volontaire d'honneur. Il fit divers voyages d'observations dans l'Inde, à la Chine et sur la côte de Malabar, où il prit part à divers combats contre les Marates. A la bataille d'Aboukir, il sauta en l'air sur le vaisseau l'Orient et se sauva à la nage. En 1806, il contribua, avec la division Cosmao, dont la Syrène fesait partie, à la prise du Diamant à la Martinique. En sa qualité de capitaine de vaisseau, il remplit ensuite les fonctions de chef militaire dans les ports de Gênes et de la Spezzia, et fut nommé préfet maritime du 7e arrondissement. En 1816, il fut mis à la retraite.

virer de bord toute l'armée lof pour lof , par la contre marche ; ce mouvement , couvert par la brume , dérangea le plan de l'ennemi. Se voyant attaqué comme à l'improviste par nos vaisseaux de tête , il fut obligé d'arriver pour ne pas être coupé lui-même et pour former sa ligne de bataille sous le vent. La brume s'étant dissipée , l'escadre anglaise parut en ligne , à l'exception de trois vaisseaux qui étaient tout-à-fait sous-ventés, et le combat s'engagea de part et d'autre : les lignes étaient fort étendues. L'Argonauta et le Terribile , vaisseaux de tête qui avaient attaqué les premiers , étaient de l'avant à une très-grande distance ; ils ne firent aucun mouvement pour venir rallier. Le feu devint très-vif entre les vaisseaux ennemis et les français , et les espagnols qui étaient par leur travers. Trois de nos vaisseaux de 80 serraient de près et vivement un vaisseau ennemi à trois ponts, qui était démâté de son mât de petit hunier. Ce vaisseau était presque séparé de son escadre ; mais les trois vaisseaux de sous le vent étant venus à bord opposé prendre ses eaux, le dégagèrent et rendirent le combat égal. Il en eut été différemment , si les six vaisseaux de notre arrièregarde , qui n'avaient aucun ennemi par le travers, eussent fait quelque mouvement pour empêcher leur jonction, en manœuvrant pour les couper. Nos frégates de tête et de queue signalaient à l'amiral que des vaisseaux de l'avant et de l'arrière ne combattaient pas, alors qu'ils n'avaient pas d'ennemis par le travers. Cette position rendait l'Anglais supérieur en force, quoique pourvu de moins de vaisseaux ; car nos six vaisseaux de l'arrière-garde et deux espagnols de l'avant-garde n'ayant pas d'ennemis par le travers, ne prenant aucune part au combat, il ne restait que douze vaisseaux français ou espagnols qui combattaient contre quinze vaisseaux anglais, dont quelques-uns étaient à trois ponts.

L'amiral français, occupé à combattre à bord de son vaisseau, ne pouvait, au milieu du tumulte et de la fumée, bien distinguer les signaux des frégates. Il comptait d'ailleurs sur les instructions qu'il avait données à ses capitaines, portant ce qui suit : « Quiconque n'est pas au feu et « ne combat pas, n'est pas à son poste et doit « manœuvrer pour s'y porter avec toute la célérité « possible ». Il pouvait, dès-lors, espérer qu'elles seraient mises en exécution. De cette confiance de l'amiral, de la négligence des capitaines demeurés tranquilles spectateurs du combat, et de l'obstacle qui ne permit pas d'apercevoir et de répondre aux signaux des frégates (quoique quand même il les eut aperçus, le temps qui se perdait et la position variable de l'ennemi eussent rendu peut-être inexécutable l'ordre tardif), il en résulta que l'ennemi parvint à désemparer et démâter deux vaisseaux espagnols, le SAINT-RAPHAEL et le FIRMO, qui, ayant dérivé sous le vent pendant la nuit, tombèrent en son pouvoir : l'Anglais les amena en se retirant du combat. Un pareil événement sans doute ne serait pas arrivé, si l'amiral français, placé sur une frégate, ayant autour de lui les autres frégates ou corvettes, eut donné les ordres précis et nécessaires au moment du besoin, ou les eut porté lui-même ; car, on le repète encore, les signaux avec des pavillons, dans le tumulte d'un combat, au milieu d'un nuage de fumée, et quelquefois dans le calme à l'abri des voiles, ne s'aperçoivent pas toujours bien ; souvent ils ne se conçoivent pas tout de suite, et donnent à des officièrs peu pénétrants, indifférents ou paresseux, la faculté d'en retarder l'exécution.

Si l'amiral de Villeneuve eut été placé sur une frégate, il aurait détaché tout de suite un bâtiment vers l'amiral Gravina, pour lui enjoindre de venir rallier sa division. Deux vaisseaux, dont un de 80 canons, auraient détruit l'avantage que les Anglais avaient déjà sur les Espagnols ; en même-temps il aurait envoyé un autre bâtiment au contre-amiral Magon, pour lui ordonner de forcer de voiles avec l'arrière-garde, et d'aller couper et aborder même les trois vaisseaux anglais qui venaient à bord opposé prendre les eaux de leur amiral. Rien ne s'opposait à ce mouvement, et six vaisseaux en auraient pris trois.

Il aurait également porté l'ordre aux trois vaisseaux de 80 de couper le vaisseau amiral anglais et de l'aborder. En prolongeant la ligne lui-même, il aurait ordonné à tous les capitaines de serrer l'ennemi au feu, et de suivre immédiatement tous ses mouvements, pour l'empêcher de porter secours aux quatre vaisseaux de l'arrière, qui auraient été obligés de céder à la force.

Il n'aurait pas manqué de faire prendre à la remorque, par des frégates (quoique en pareille circonstance les frégates à portée doivent envoyer un bout de grelin aux vaisseaux désemparés, sans attendre les ordres), les deux vaisseaux espagnols démâtés, qu'on aurait empêché de dériver sous le vent dans la ligne ennemie.

En supposant que l'avant-garde ennemie eut

pu arriver assez à temps pour aller prendre la queue de la ligne et donner des secours à ses vaisseaux de l'arrière , elle aurait toujours été suivie et harcelée par notre avant-garde ; et l'amiral français , profitant alors de l'avantage de toutes ses forces et de la facilité avec laquelle il aurait pu se porter sur tous les points pour faire exécuter ses ordres , il en serait résulté que l'escadre anglaise , aux prises avec un ennemi supérieur en force , manœuvrant avec précision et célérité, aurait été fortement compromise. Toutefois, la vérité est que la retraite clandestine qu'elle fit , en abandonnant le champ de bataille pendant la nuit , et en cachant bien soigneusement tous ses feux , prouve assez qu'elle s'est avouée vaincue , malgré la prise de deux vaisseaux espagnols dont nous eûmes à regretter la perte.

Il est des personnes qui pensent que l'amiral de Villeneuve aurait dû , le lendemain au matin, attaquer de nouveau pour prendre tous ses avantages ; mais l'ennemi en pleine retraite ne fut aperçu que vers 7 heures du matin. Les avaries considérables qu'il fallait réparer à bord de plusieurs vaisseaux, et notamment à bord des espagnols qui avaient souffert considérablement , la régularité qu'il fallait observer dans la chasse pour amener toute l'armée dans une attaque simultanée et en bon ordre , enfin , le laps de temps qu'il fallait pour joindre l'ennemi fuyant à pleines voiles , quoique très-rallié , alors que cette jonction ne pouvait avoir lieu que vers la fin du jour , toutes ces considérations d'une haute importance , déterminèrent l'amiral de Villeneuve à n'attaquer convenablement que le jour d'après. Il n'en fit pas moins ses dispositions nécessaires en s'embarquant sur la frégate l'HORTENSE. Là il donna tous les ordres convenables pour poursuivre l'ennemi, se mettre à portée de le joindre dans la matinée du lendemain, et pour lui livrer un combat décisif ; mais pendant la nuit, le changement du vent rendit nulles toutes ses dispositions ; il mit l'ennemi au vent et le rendit maître d'attaquer s'il avait voulu. Ce parti ne parut pas convenir à l'amiral anglais , qui, croyant sans doute avoir rempli le but de sa mission , et ayant d'ailleurs fait la prise de deux vaisseaux ennemis , se borna à faire sa retraite en tenant constamment le plus près du vent. Les manœuvres bien marquées de l'amiral français , pour l'engager à un second combat, ne déterminèrent pas l'amiral anglais à tenter un nouvel engagement.

Cependant , l'amirauté d'Angleterre qui sut toujours apprécier les conséquences des événemens maritimes, ne fit pas la moindre difficulté de faire examiner la conduite de son amiral par un conseil de guerre. Selon elle , Calder n'avait pas rempli le but pour lequel on avait mis une escadre à sa disposition. Ce but était d'empêcher l'escadre française de faire sa jonction avec les vaisseaux français et espagnols qui étaient au Ferrol. Pour empêcher une armée ennemie de remplir sa mission , il fallait la combattre , il fallait la disloquer , pour la mettre hors d'état de continuer sa route. Mais lorsque, à la suite d'un vif engagement, l'amiral anglais s'enfuit à bord opposé , à la faveur de la nuit , en cachant tous ses feux quand l'ennemi a tous les siens allumés ; lorsqu'il évite constamment un second engagement ; lorsqu'étant au vent , il tient le plus près au lieu d'arriver sur elle pour l'attaquer ; lorsque enfin il déserte le champ de bataille, n'est-ce pas prouver sa faiblesse et s'avouer vaincu , ou n'avoir pas rempli ses devoirs ?

A la vérité l'armée combinée a perdu deux vaisseaux , mais elle n'a pas moins forcé l'ennemi à la retraite ; elle n'en est pas moins restée maîtresse du champ de bataille ; elle n'en a pas

moins rempli le but de sa mission , en se ral-
liant avec les vaisseaux du Ferrol.

Qu'on décide donc de quel côté est l'avantage. Il ne peut être que du côté de celui qui a
rempli son but, et non de l'amiral qui a échoué
dans sa mission.[1]

---

1. Les forces de l'amiral Calder étaient de 15 vaisseaux , celles de Villeneuve étaient portées à 20 , et
l'engagement eut lieu au milieu d'une brume très-épaisse.
C'est pour faire allusion au temps et à la force respective des deux escadres , que les marins français donnèrent à cette affaire le nom de combat des *Quinze-Vingt*.

CHAPITRE V.

Relation du combat de Trafalgar.

Après le combat du cap Finistère , l'escadre combinée alla prendre son mouillage dans la baie d'Arez, située entre le Ferrol et la Corogne. Quelques jours de relâche suffirent pour réparer les dommages et les avaries que ses vaisseaux avaient éprouvés pendant la bataille qui venait de s'engager avec l'amiral Calder. Après avoir donné les instructions nécessaires aux vaisseaux français et espagnols qui sortirent du Ferrol pour le rallier, l'amiral de Villeneuve mit à la voile afin de se rendre à Cadix. Alors l'armée combinée était forte de 25 vaisseaux de ligne et de plusieurs frégates et corvettes. Il ne se passa rien de bien important pendant le cours de sa traversée à Cadix ; il y mouilla le 20 août 1805 , sans avoir eu connaissance d'aucune des escadres anglaises qui étaient à sa recherche ; il trouva sur la rade

(98)

de ce port d'autres vaisseaux espagnols qu'il joignît à sa flotte , afin de former une armée navale susceptible de balancer les forces que les Anglais avaient sur les mers, et de pouvoir leur disputer cette suprématie maritime qu'ils prétendaient conquérir en bravant les autres puissances. Déjà l'amiral de Villeneuve avait parcouru la méditerranée et traversé l'océan, en trompant la vigilance de cet ennemi aussi actif qu'expérimenté. Pendant le cours de cette campagne honorable , après avoir passé le détroit de Gibraltar , il fit prendre la fuite à l'escadre anglaise , qui bloquait depuis plusieurs mois la baie de Cadix. Arrivé aux Antilles , il chassa l'ennemi d'un poste important [1], d'où il interceptait rigoureusement les communications de la côte avec le Fort-Royal de la Martinique. L'intention du gouvernement était alors d'éloigner les forces navales anglaises de l'Europe , pour faciliter l'exécution de la des-

---

1. Les vaisseaux le PLUTON , le BERWICK , la frégate la SYRÈNE , deux corvettes et des chaloupes portant des troupes , furent chargés de cette opération , dont le résultat fut la capitulation et la reprise du Diamant.

cente de Napoléon en Angleterre ; l'amiral prit
tous les moyens convenables pour les attirer auprès de lui dans les parages des Antilles. De là
il partit de la Martinique avec des troupes de
débarquement pour aller faire le siége de la Bar-
bade ; mais parvenu dans cette colonie, s'étant
emparé d'un convoi de 15 voiles qui s'échappaient
de l'île d'Antigues, il en reçut l'avis que Nelson venait d'arriver, avec une armée considérable, dans
l'île qu'on allait assiéger. Alors l'amiral de Villeneuve se détermina à renoncer à son projet
et à faire voile pour l'Europe. Il renvoya néanmoins les troupes de débarquement à la Guadeloupe, sur 4 frégates qu'il expédia pour cette
mission, et leur donna l'ordre de venir rallier
l'armée vers les Açores, quand elles auraient
rempli leur but. Ces frégates, ainsi que la Syrène, après avoir détruit le convoi des prises
sous leur escorte, rallièrent l'amiral au parage
qu'il leur avait indiqué ; là fut repris sur l'ennemi un galion espagnol, la Minerva, ainsi
que le corsaire anglais qui l'avait capturé. C'est
en avançant vers les côtes d'Espagne, que l'armée combinée rencontra, à l'ouest du cap Finistère, l'escadre anglaise sous les ordres de
l'amiral Calder. Elle avait été dépêchée pour s'op-

poser à la jonction de cette armée avec les divisions de vaisseaux français et espagnols rassemblés dans la baie du Ferrol.

L'amiral de Villeneuve avait ainsi honorablement rempli autant que les circonstances l'avaient permis, les intentions du gouvernement. La belle escadre qu'il commandait se trouvait en sûreté à Cadix, et lorsque son amiral devait s'attendre au moins à quelques témoignages d'approbation, une correspondance équivoque sembla lui annoncer indirectement qu'il devait être remplacé au commandement de l'armée par l'amiral de Rosily. La crainte d'une mesure aussi peu méritée qu'inattendue, n'était pas faite pour tranquilliser l'amiral, qui avait mis tous ses soins et toute son énergie à completter l'organisation et la réunion de cette belle armée, qu'il dirigeait avec beaucoup d'ordre et de tactique.

Malgré la fâcheuse position où se trouvait réduit l'amiral de Villeneuve, par l'effet des lettres alarmantes, des rapports inexacts et de faux jugements qu'on dirigeait contre sa conduite ferme et loyale, il n'en continuait pas moins à donner ses ordres pour organiser définitivement l'armée combinée ; elle était forte de 33 vaisseaux de ligne, dont 18 français et 15 espagnols.

L'amiral de Rosily , qui paraissait désigné pour venir prendre le commandement général de cette armée n'arrivait pas. L'amiral Gourdon , qui était parti du Ferrol pour aller remplir les fonctions de major-général auprès de cette escadre , n'avait point encore paru au port de Cadix.

Sur ces entrefaites , les vigies de la côte signalèrent la présence de l'armée navale d'Angleterre sur leurs parages ; l'on n'attendit pas long-temps sans voir paraître devant Cadix ses frégates de découverte , qui venaient observer les mouvements de l'armée combinée. L'honneur français et tous les sentiments généreux qui caractérisent les deux nations coalisées , se trouvant ranimés et se croyant même compromis par la présence d'un ennemi qui venait les braver impunément , en les bloquant dans leurs ports , prévalurent sans doute sur des raisons d'état. Les cris *au combat* s'élevèrent dans toute l'armée ; l'enthousiasme était à son comble ; devant eux se taisaient toutes les considérations de la prudence et les besoins de la politique [1], aussi

---

1. Le capitaine Letellier , commandant le vaisseau le FORMIDABLE, aujourd'hui amiral de la flotte égyptien-

l'amiral de Villeneuve, toujours français, toujours
fidèle à l'honneur, poussé peut-être par le sentiment douloureux des torts qu'on lui reprochait in-
justement, résolut de les réparer d'une manière
éclatante, en voulant rabaisser l'orgueilleuse
puissance des Anglais. Quels que soient d'ailleurs les ordres qu'il avait reçus, il se détermina
à mettre à la voile, pour aller à la rencontre
de l'ennemi [1].

---

ne, partage la même opinion dans la notice qu'il a
fait insérer dans le constitutionnel du 20 janvier 1825.
« Le sentiment qui détermina l'amiral Villeneuve à
« sortir de la baie de Cadix, dit-il, était un sentiment
« éminemment Français ; il croyait vaincre : nous le
« croyions aussi ; les officiers et les équipages parta-
« geaient son enthousiasme ; l'ordre de mettre à la
« voile ne trouva pas un censeur ». Plus bas il ajoute :
« ses instructions feront preuve un jour de la pureté
« des intentions de cet amiral et du sentiment français
« qui l'animaient ; il avait tout prévu ; les éléments fu-
« rent seuls cause de notre ruine ; elle fut complette ».

1. Le bruit courut alors à Cadix, comme dans les
ports militaires de la france, que Napoléon, mécon-

Le 18 octobre 1805 , dans la matinée , il fit appareiller une division de vaisseaux de l'escadre légère et quelques frégates , sous les ordres du contre-amiral Magon , pour aller chasser celles de l'ennemi , qui étaient en observation devant la baie.

Le lendemain, au lever du soleil, toute l'armée combinée eut ordre de mettre sous voiles sans attendre d'autres signaux ; mais le flot et la brise d'ouest, qui survinrent vers midi, empêchèrent les vaisseaux mouillés dans le fond de la baie de sortir. Cependant , le 20 au matin , ils ap-

tent du résultat de la bataille du cap Finistère , avait annoncé qu'il remplacerait Villeneuve par l'amiral de Rosily , dans le commandement de l'escadre combinée ; qu'alors le ministre Decrès, qui n'approuvait pas ce changement, en donna avis à Villeneuve en l'engageant à livrer bataille aux Anglais pour relever sa réputation , et rentrer dans les bonnes graces de Napoléon. Le désastre de Trafalgar étant survenu, on attribuait à cette circonstance comme à la défection des commandants qui ne s'étaient pas battus, l'événement de la fin tragique de Villeneuve ; mais tous ces bruits ne paraissaient qu'hypothétiques.

pareillèrent , et dans l'après-midi , toute l'armée combinée , forte de 33 vaisseaux de ligne et de plusieurs frégates , fut sous voiles courant au large , les amures à tribord , avec peu de vent à la partie de l'ouest.

Le 21 , à la pointe du jour , la brume qui était sur l'horizon s'étant dissipée , l'armée combinée se trouva sous le vent en présence de l'armée navale anglaise , forte de 29 vaisseaux de ligne. Celle-ci avait en outre une division de 6 vaisseaux que l'amiral Nelson tenait hors de vue , pour observer et contenir l'escadre de l'amiral Lallemant , que l'on avait signalée devoir être aux parages du cap Saint-Vincent. Les frégates chassées par l'escadre du contre-amiral Magon , n'avaient pas tardé d'annoncer à leur amiral la sortie et l'approche de l'ennemi.

Le vent presque calme pendant la nuit , et la forte levée de la houle , n'avaient pu permettre à l'armée combinée de se déployer convenablement. Aussi vers les 6 heures et demie du matin , l'amiral de Villeneuve fit signal à tous les vaisseaux de virer lof pour lof tous en même temps , pour prendre les amures à bâbord et former la ligne de bataille dans l'ordre renversé , en serrant le vent autant qu'il serait possible [1]. Ce mouvement fut exécuté avec toute la précision et l'ensemble que permirent la faiblesse du vent, la grosse mer et le peu de voilure sous laquelle l'armée combinée était obligée de manœuvrer pour se maintenir en ordre.

L'amiral Nelson, dont l'armée paraissait au vent sans ordre, ayant les amures à tribord, fit changer d'amures à tous ses vaisseaux, les fit couvrir de voiles et arriver en dépendant sur l'armée combinée, pour s'en rapprocher et lui livrer combat.

La faiblesse du vent, la mer extrêmement houleuse, l'étendue de la ligne de bataille et la proximité de la côte sous le vent, ne permettaient pas à l'amiral de Villeneuve de faire exécuter quelque mouvement qui eut pu traverser le plan d'attaque de l'ennemi; il devait attendre [2] que l'amiral anglais eut mieux développé

---

1. La ligne de l'armée combinée occupait un espace de plus d'une lieue.

2. Quelques personnes ont prétendu que l'amiral de Villeneuve aurait dû arriver en forçant de voiles vers Cadix; mais elles n'ont pas refléchi sur la mauvaise

son projet pour donner les ordres relatifs à sa position. C'est ce qu'il fit avec cette fermeté, avec ce sang froid qui caractérisent les hommes destinés à remplir des missions pénibles et dangereuses. Il ne lui était plus permis de faire un mouvement qui eut marqué de l'hésitation ou fait supposer l'intention d'éluder le combat ; son caractère ferme et loyal ne pouvait admettre un tel parti.

Par le changement d'amures, l'armée combinée en virant lof pour lof toute en même temps, son arrière-garde commandée par le contre-amiral Dumanoir-le-Peley, était devenue l'avant-garde ; et son avant-garde, sous les ordres du vice-amiral espagnol Alava, était devenue l'arrière-garde, à la suite de laquelle venait l'escadre d'observation, sous les ordres de l'amiral

---

opinion qu'eût donné le spectacle d'une armée navale formidable rentrant à Cadix, chassée à coups de canon par des vaisseaux ennemis, à la merci desquels il eut fallu abandonner sans doute les mauvais voiliers. Des hommes d'honneur ne sauraient admettre un tel mouvement.

espagnol Gravina et du contre-amiral Magon. Chaque vaisseau ne portait que la voilure nécessaire pour gouverner et se maintenir à son poste.

Cependant l'armée anglaise , courant sous toutes voiles , et parvenue à une portée et demie de canon de la ligne de l'armée combinée , se divisa en deux pelotons et forma deux colonnes , l'une ayant en tête le vaisseau à trois ponts le VICTORY , que montait l'amiral Nelson , se dirigea sur le centre de la ligne de bataille où était le vaisseau amiral le BUCEN-TAURE , de 80 , et le vaisseau espagnol à trois ponts la SANCTISSIMA-TRINIDAD. L'autre colonne , conduite par l'amiral Collingwod , se dirigea sur le centre de l'arrière-garde , où étaient le vaisseau espagnol à trois ponts la SANTA-ANNA , et le vaisseau le FOUGUEUX , de 74 [1].

L'amiral de Villeneuve , voyant alors clairement que le plan de l'amiral Nelson était de

---

[1]. Nelson fit signaler , par le télégraphe naval , cet ordre remarquable : « L'Angleterre espère que chaque homme fera son devoir ». Ce signal fut reçu par les marins anglais avec le plus grand enthousiasme.

traverser sa ligne et de le séparer de la moitié de son armée, fit signal à son avant-garde de virer de bord, pour venir renforcer le centre de la ligne de bataille. Malheureusement cet ordre resta sans exécution ; aucun vaisseau de l'avant-garde ne vira de bord, quoique ce signal fut répété par la frégate l'HORTENSE, et que son inexécution pût entraîner des conséquences fâcheuses, même la perte de la bataille.

Vers les 11 heures, les vaisseaux ennemis, en tête des colonnes, étant à demi-portée de canon, l'amiral de Villeneuve ordonna de commencer le feu, pour obliger l'ennemi de présenter le travers et de combattre au vent ; mais l'attaque fut inutile, Nelson persista dans son plan de traverser la ligne de bataille, et d'envelopper avec toutes ses forces réunies, une partie de celles de l'armée combinée. Villeneuve, qui l'attendait de pied ferme sur le BUCENTAURE, avait fait mettre au haut de son mât de misaine le signal : « Qui ne combat pas, n'est pas à « son poste, et doit manœuvrer pour venir au « feu ». Dans ce moment important le vaisseau le NEPTUNE, de 90, devenu matelot de l'arrière du BUCENTAURE, se souventa en donnant une forte arrivée, et laissa le poste vide

derrière l'amiral. Un pareil coup de manœuvre
de la part d'un tel vaisseau, le plus fort de toute
l'escadre française, et l'obstination de l'avant-
garde, à ne pas exécuter les ordres de l'amiral,
devaient être le prélude des résultats les plus
funestes. Le vaisseau espagnol le SAN-LEANDER,
de 64, trop faible pour soutenir le choc de la
colonne anglaise, suivit le NEPTUNE dans son
faux mouvement ; mais l'intrépide Lucas, commandant le vaisseau de 74 le REDOUTABLE, fit
de la voile, serra la distance et prit poste beaupré sur la poupe du BUCENTAURE. L'amiral Nelson, à bord de son VICTORY, manœuvrant pour
couper la ligne à l'arrière de l'amiral français,
aborda le REDOUTABLE toutes voiles dehors,
l'entraîna sous le vent hors de la ligne, et ouvrit
passage aux vaisseaux de sa colonne qui arri-
vaient à la file. C'est alors qu'un feu terrible
d'artillerie et de mousqueterie s'engagea entre
le REDOUTABLE et le VICTORY, où l'amiral
Nelson, atteint d'un coup de feu mortel, expira
une heure après le combat [1]. L'équipage du VIC-

---

[1]. Ce fut un coup de fusil parti des hunes du REDOUTA-
BLE, et non du BUCENTAURE, comme on l'a dit, qui

TORY fut vivement frappé et consterné de la belle défense du REDOUTABLE et de la perte immense de son amiral. Ce vaisseau anglais , à bord duquel étaient déjà montés quelques marins du REDOUTABLE , aurait été pris infailliblement , sans la prompte assistance du TEMERARY, qui, après avoir coupé avec le VICTORY la ligne française , vint aborder le REDOUTABLE et l'écrasa du feu de ses trois batteries. Le REDOUTABLE , démâté de tous ses mâts , criblé de boulets de toute part , ne pouvant plus gouverner, ni manœuvrer, ni combattre , à cause du carnage de ses gens et de l'encombrement de ses batteries par les mâts et les vergues du TEMERARY , tombés sur son pont pendant l'abordage , se rendit et coula bas à la suite du combat [1]. Les vaisseaux la SANTA – ANNA

---

atteignit Nelson au-dessous de l'épaule et le blessa à mort; il conserva assez de présence d'esprit pour remettre le commandement de la flotte à l'amiral Collingwood.

1. Le REDOUTABLE parvint à accrocher le VICTORY pour effectuer l'abordage. Déjà un aspirant et six matelots avaient sauté sur le vaisseau amiral anglais , lorsqu'il fut secouru par un autre vaisseau à trois ponts qui empêcha le résultat de l'abordage.

et le Fougueux, malgré leur résistance opiniâtre à vouloir empêcher l'amiral Collingwood de traverser leur ligne, ne purent arrêter les efforts réunis de la colonne anglaise. Le commandant Baudouin, du Fougueux, fut tué ; son vaisseau, ainsi que la Santa-Anna, désemparés de tous leurs mâts et hors d'état d'exécuter le moindre mouvement, soit pour se dégager de leurs nombreux assaillants, soit pour prendre une position qui leur permit de se servir de leur artillerie, dont l'ennemi évitait les effets en combattant, par leur hanche ou par leur bossoir, furent contraints de se rendre [1].

La ligne de bataille de l'armée combinée venait d'être coupée sur divers points du centre, à la queue, et la colonne anglaise, en se dé-

---

1. Le Fougueux avait tiré les premiers coups de canon et donné le signal de la bataille. On entendit s'élever alors du sein de l'armée combinée un cri général d'enthousiasme et de joie. Il avait courageusement abordé le Victory, et à l'instar du Redoutable il lui avait causé un dommage considérable, en déchargeant sur lui son artillerie.

ployant , enveloppait celle partie de l'armée combinée avec ses forces réunies. Le combat était meurtrier et acharné par les abordages , par la vivacité du feu et par la proximité des vaisseaux combattant à la portée de pistolet. Le BUCENTAURE et la SANCTISSIMA-TRINIDAD, devenu son matelot d'avant , combattaient avec ardeur et répondaient vivement au feu de plusieurs vaisseaux ennemis qui les environnaient , lorsque le BUCENTAURE , ayant été désemparé de son mât d'artimon et de son grand mât , fut mis dans une fâcheuse position. Cet accident ne pût ralentir le courage des équipages de l'amiral , qui combattaient toujours avec enthousiasme. Le sang froid du général de Villeneuve , plein d'espoir de voir son avant-garde venir prendre part au combat, soutenait leur énergie ; le signal de venir au feu flottait toujours vainement au haut du mât de misaine , le seul qui fut resté debout à bord de ce vaisseau.

Cependant la queue de notre ligne était entamée ; le vaisseau de 74 , le BERWICK , serre-file de l'armée combinée , après une résistance glorieuse, pendant laquelle son capitaine Camas, et son second , Guichard , furent tués , se rendit dans un état complet de délabrement. Abandonné par les Anglais, il naufragea quelques jours après le combat. Les vaisseaux français et espagnols de l'escadre d'observation résistaient vigoureusement à l'attaque des colonnes ennemies, qui, toutes couvertes de voiles, pouvaient se réunir plus lestement, soit pour attaquer simultanément, soit pour prendre une position avantageuse, soit enfin pour aller dégager leurs vaisseaux désemparés. Le vaisseau de 74, l'ALGÉSIRAS, aborda le vaisseau anglais le TONNANT, de 80 [1], mais dominés par la hauteur des gaillards, d'où partait une vive fusillade, les assaillants furent repoussés ; le brave contre-amiral Magon fut tué, et son vaisseau obligé de céder au nombre et à la force, amena son pavillon. Les Anglais prirent de suite possession de ce vaisseau. L'ACHILLE, de 74, aux prises avec un vaisseau anglais à trois ponts, se défendait avec vigueur ; mais son capitaine,

---

1. Le contre-amiral Magon qui le montait, avait destiné un riche baudrier à l'intrépide marin qui, le premier, se présenterait à l'abordage. Ce fut lui qui donna cet héroïque exemple en première ligne.

Niewport, ayant été tué , et le feu se manifestant à bord, l'ennemi se décrocha et poussa au large. L'ACHILLE brûla , sauta en l'air , et ses débris embrasés tombèrent en éclats sur la surface des eaux qui l'avaient porté [1]. L'action se soutenait avec chaleur dans cette partie de la ligne, où quelques vaisseaux français et espagnols combattant vaillamment, se fesaient jour à travers des groupes de vaisseaux anglais , dont quelques-uns désemparés avaient cessé leur feu. Le désordre et la confusion, régnant également dans les deux armées, chaque vaisseau fesait de la voile pour tâcher de se rallier à quelqu'un des siens, et plusieurs d'entr'eux de pavillons différents , maltraités et ras comme des pontons , restaient pêle-mêle de l'arrière, incertains de leur sort. Le vaisseau l'AIGLE, de 74 , avait essuyé plusieurs abordages ; les Anglais s'étant rendus maîtres de son pont en furent vaillamment chassés par l'équipage , alors électrisé par le jeune et

---

1. Ce capitaine eut une cuisse fracassée ; il fut tué ensuite à son poste qu'il ne voulut pas abandonner ; son équipage suivit ce généreux exemple , en mettant hors de combat deux vaisseaux anglais.

intrépide aspirant Guerin ; mais accablé par le nombre d'ennemis , et son brave commandant Courège étant tué , ce vaisseau fut obligé de se rendre , après avoir fait la plus belle résistance.

Déjà la faux de la mort , que précédait un déluge de mitrailles et de projectiles lancés comme la foudre , avait moissonné plusieurs milliers de victimes ; des débris de mâts , de vergues et de bordages éparpillés sur la surface de la mer ; des agrès , des voiles en lambeaux flottaient entre deux eaux et des vaisseaux embrasés errants au gré de la vague , transformaient ce champ de bataille en un vaste gouffre de destruction et de carnage. Les Anglais , usant avec succès de leur tactique ordinaire , s'étaient groupés autour du BUCENTAURE , et avaient réussi à le désemparer de son mât de misaine. Ce dernier accident priva totalement l'amiral de Villeneuve des moyens de manœuvrer et de donner des ordres pour rétablir le plan du combat ; il témoigna néanmoins le désir de passer à bord de la frégate l'HORTENSE , mais il était trop tard et elle était à une trop grande distance sous le vent ; tous les canots suspendus en porte-manteaux à bord de l'amiral , étaient criblés et mis en pièces par les boulets de l'ennemi , dont les vaisseaux commençaient déjà à s'avancer vers ceux de notre avant-garde. Le vaisseau le PRINCE DES ASTU-RIES, que montait l'amiral Gravina, qui, au moment de l'attaque, avait forcé de voiles pour rallier l'amiral de Villeneuve, n'ayant pu arriver à temps auprès du BUCENTAURE et de la SAN-TISSIMA-TRINIDAD, se trouva sous le vent à eux; assailli lui-même par des forces supérieures, et néanmoins soutenu par le vaisseau français le NEPTUNE, qu'il avait rallié, il se fit jour à travers l'ennemi et se mit en retraite vers Cadix. Dans cette rencontre, l'amiral Gravina reçut une blessure mortelle qui le conduisit au tombeau quelques jours après le combat.

Le désordre était à son comble dans les deux armées ; Anglais, Français et Espagnols, tous étaient confondus pêle et mêle. On voyait néanmoins, avec douleur, les couleurs britanniques plus nombreuses, dominer parmi les groupes de vaisseaux qui combattaient encore, lorsque enfin la division du contre-amiral Dumanoir-le-Peley parut en serrant le vent les amures à tribord. Le courage se ranima à bord des vaisseaux français et espagnols, à l'aspect de cette division sur laquelle se fondaient encore quelques espérances ; mais elles furent de courte durée, lors-

qu'on vit cette division composée de 4 vaisseaux, le FORMIDABLE , le SCIPION , le DUGUAY-
TROUIN et le MONTBLANC , tenir constamment
le vent en échangeant inutilement quelques bordées et s'échapper ainsi en fesant de la voile
vers la pleine mer. Il y eut pourtant deux vaisseaux, l'un français , l'INTRÉPIDE de 74 , l'autre
espagnol , el NEPTUNO de 80 , qui , poussés
par le dévouement généreux de leurs capitaines
Infernet et Valdés , revirèrent sur le groupe des
vaisseaux ennemis qui environnaient le BUCEN-
TAURE ; ils croyaient peut-être que la division
suivrait leur exemple en venant à leurs secours ,
mais il n'en fut pas ainsi, et ces deux vaisseaux,
malgré le dévouement héroïque de leurs vail-
lants capitaines , démâtés et écrasés par le nombre de leurs ennemis, hors d'état de faire changer
la fortune , furent forcés de se rendre. L'INTRÉ-
PIDE allait couler bas ; on n'eut que le temps de
sauver l'équipage , les Anglais y mirent le feu ;
et el NEPTUNO, sans mât , sans voiles, sans
gouvernail, et coulant bas d'eau , fut se briser
sur la côte. L'amiral de Villeneuve voyant ses
vaisseaux de l'arrière presque tous désemparés
et dispersés et ceux de l'avant faire de la voile
en se retirant vers Cadix , étant seul entouré

d'ennemis qui le canonnaient sans relâche, hors d'état de manœuvrer ou de faire quelque signal, encore moins de donner des ordres à son armée, fit cependant héler à la SANTIS-SIMA-TRINIDAD pour demander un canot, afin de se transporter avec son pavillon à bord d'un autre vaisseau, et tâcher de remettre quelque ordre dans l'armée ; mais le tumulte et le bruit du canon ayant empêché sans doute d'entendre la voix de celui qui hélait, on ne lui fit aucune réponse [1]. Dès ce fatal moment, une plus longue résistance ne servant qu'à sacrifier inutilement le restant de son équipage, l'amiral de Villeneuve ayant son vaisseau désemparé de tous ses mâts, ses batteries presque toutes démontées, les ponts jonchés de cadavres et de blessés ; ses gaillards encombrés de débris de mâts, d'agrès et de voiles, et voyant toute chance favorable, tout espoir de secours évanouis par la déroute

---

1. On assure qu'en voyant ce vaisseau hors d'état de prolonger plus long-temps le combat, l'amiral Villeneuve dit : *Le* BUCENTAURE *a rempli sa tâche ; la mienne n'est pas encore terminée.* Malheureusement, les commandants de la SANTISSIMA-TRINIDAD et de l'HORTENSE ne répondirent pas aux signaux de leur amiral, qui voulait passer à leur bord.

de son armée , fit cesser le feu et amener le pavillon qu'il avait fait attacher au tronçon du
grand mât de son vaisseau. Les Anglais en-
voyèrent de suite prendre possession du Bucentaure , et embarquèrent en même-temps
l'amiral de Villeneuve à bord d'une de leurs frégates, pour le conduire en Angleterre et y porter
la nouvelle et la preuve certaine de leurs succès.
Une heure après ils s'emparèrent de la Santis-
sima-Trinidad, qui fut tellement criblée et dé-
labrée, qu'elle coula bas pendant la nuit. L'armée
anglaise vira de bord peu de temps après, vers les
5 heures et demie du soir, en prenant à la remorque tous ses vaisseaux démâtés , ainsi que quelques vaisseaux français et espagnols qu'elle avait
pu amariner. Elle fut obligée d'en abandonner une
partie, dont un grand nombre périt en mer ou
sur le rivage pendant la tempête qui survint le
lendemain. Le vent au S.-O., traversier de la
côte , se leva avec une telle violence et la mer
devint si furieusement agitée , que les Anglais
ne purent garder leur position pour se réparer
sans courir les plus grands risques, alors que
leurs vaisseaux étaient tous extrêmement endommagés , et n'avaient aucun port à eux sous le
vent pour leur servir d'abri. C'est en cet état

de choses qu'ils durent faire toute la voile possible, pour s'élever au vent de la pointe et du
banc de Trafalgar ou du cap Sainte-Marie, qu'ils
n'auraient pu doubler en voulant prendre à la
remorque tous les vaisseaux pris ou démâtés,
ras comme des pontons. Cette circonstance et
l'apparition de 3 vaisseaux et de quelques frégates sortis de Cadix, sous les ordres du chef
de division Cosmao, donnèrent aux équipages
l'occasion de reprendre leurs vaisseaux abandonnés par l'ennemi, que la situation et la division
française obligèrent de gagner le large. Ainsi
furent repris la SANTA-ANNA, l'AIGLE, l'ALGÉSI-
RAS et le BUCENTAURE; mais ce dernier, en en-
trant dans la baie pendant la nuit, s'échoua sur les
récifs qui bordent le fanal et fut totalement perdu; son équipage se sauva dans les embarcations
qu'on envoya à son secours. L'INDOMPTABLE,
mouillé sur la côte vers le fort Santa-Catharina,
avec une seule ancre qui lui restait, chassa et
s'échoua. La mer était si violemment agitée par
la tempête, qu'il fût mis en pièces, et son équipage noyé, à l'exception d'un petit nombre
d'hommes qui purent gagner la terre [1].

----

1. Ce vaisseau ne s'était pas battu; il avait à bord

Tel fut le résultat de ce désastreux combat, dont l'avantage, chèrement acheté par les Anglais, par la perte et le délabrement de leurs vaisseaux, et surtout par la mort de leur amiral et d'un nombre considérable de marins et d'officiers distingués, dissipa néanmoins les craintes que l'Angleterre pouvait avoir conçues d'une invasion de la part de la France dans les îles Britanniques. Cependant, l'imprévoyance et l'incertitude des Français, lorsqu'il s'agissait à

1500 blessés au moment du naufrage. Il fesait partie de la division sous les ordres de l'amiral Alava. M. Hubert son commandant, trouva la mort dans ce désastre. Il s'était distingué dans les combats du 25 messidor an 3, dans le golfe de Fréjus, sur la frégate l'ALCESTE qu'il montait, et qui fut livré par le contre-amiral Martin.

Le jeune chevalier Louis d'Argiot de la Ferrière aurait eu ce rare bonheur ; c'était un excellent nageur et fort intrépide, mais il périt victime d'un sentiment sublime de générosité, en voulant sauver son ami le capitaine Esmengard.

cette époque de prendre un parti en affaires maritimes , laissèrent au mouillage à Cadix ceux de nos vaisseaux échappés à la destruction du combat et du naufrage. Plus tard, par l'effet des intrigues et de nos dissensions politiques , ces débris de la trop célèbre bataille de Trafalgar tombèrent au pouvoir de la nation espagnole.

Quel que soit le jugement de l'histoire sur le résultat d'un combat , l'un des plus terribles qui se soient livrés sur mer , par les pertes notables éprouvées par les trois puissances belligérantes , elle ne pourra s'empêcher de rendre justice à la bravoure et à la conduite irréprochable de l'amiral de Villeneuve; sa mort funeste et prématurée doit causer les regrets les plus amers à ceux qui n'ont pas eu la générosité de dissiper les craintes et les pressentiments sinistres dont ce malheureux amiral fut assiégé après la défaite de Trafalgar. Sans doute sa responsabilité était vaste ; mais n'ayant pas cessé d'être brave et de se conduire en homme d'honneur , son sort a été déploré par le public et la marine française. Il aurait dû trouver la même grâce auprès du chef du gouvernement et de ses conseillers , alors que cet infortuné général avait combattu contre l'invincible Nelson , le Bonaparte de la marine anglaise [1].

---

1. Il paraît que l'amiral Villeneuve , consulté par le gouvernement après le combat du cap Finistère , n'avait pas adopté le plan de combattre l'escadre anglaise en ligne de bataille , surtout avec de flottes nombreuses combinées. Il s'était fondé sur ce que nos vaisseaux n'étaient pas aussi bien armés et nos marins aussi exercés que ceux des Anglais , et qu'il était bien difficile de faire évoluer une escadre combinée composée de plus de 20 vaisseaux.

Il avait conseillé d'utiliser nos forces navales en les formant de diverses divisions de plusieurs vaisseaux , qui auraient en navigant appris à nos matelots le métier de marins , et auraient saccagé les possessions anglaises et ruiné leur commerce.

Ce rapport ne fut point à la convenance de Napoléon , qui répondit : « qu'on ne devait jamais balancer d'atta-« quer l'ennemi partout où on le rencontrait, et qu'il « importait peu de perdre de vaisseaux , pourvu qu'on « les perdit avec honneur ».

On présume que c'est par suite de cette réponse que le ministre Decrès avait engagé Villeneuve à sortir de Cadix et à livrer bataille à l'ennemi , en lui annonçant qu'il devait être remplacé par l'amiral de Rosily.

Notices Biographiques.

VILLENEUVE [1].

L'amiral de Villeneuve, pendant tous les mouvements de la bataille, avait donné des preuves éclatantes de son courage, de son sang-froid et de son habileté. Lorsque le VICTORY manœuvrait pour passer de l'avant du BUCEN-TAURE, cet amiral fit manœuvrer pour aller accrocher son ennemi à l'abordage. Il saisit l'aigle de son vaisseau, et le montrant à l'équipage, il dit : « Je vais le jetter à bord de l'anglais et nous irons l'y reprendre ou mourir ». Ces paroles du général furent accueillies par des VIVAT mille fois répétés des marins et des soldats ; mais le VICTORY ayant changé de route, cet abordage ne put malheureusement avoir lieu. Sa conduite, qui fut digne d'éloges pendant le combat, aurait produit les plus heureux résultats si elle avait eu

1. Voir le commencement de sa notice biographi-que, page 57.

un plus grand nombre d'imitateurs. Il y avait été blessé à la main gauche. Le lendemain de l'affaire, ce malheureux général fut conduit à bord du VICTORY. Les Anglais l'honorèrent d'une réception pleine d'estime et de déférence ; mais consterné de sa défaite il parut peu touché de tous les hommages dont il était l'objet. Le 22 octobre 1806, il fit voile pour l'Angleterre, où il arriva à Plymouth le 27 novembre, après la plus pénible traversée. Il fut envoyé dans le Devonshire. Là il sollicita de suite l'autorisation de se rendre en France pour y subir un jugement, sous la promesse qu'il fesait de rentrer dans l'état de captivité, si son échange ne se réalisait pas dans l'intervalle ; mais ce ne fut qu'au bout de cinq mois qu'il obtint cette permission. Parti de Plymouth sur un parlementaire, il débarqua à Morlaix le 7 mai 1807. Le 10, il arriva à Rennes, où il logea à l'hôtel du Brésil. Son retour en France avait pour objet essentiel de présenter sa justification personnelle et de signaler ceux qui n'avaient pas obéi à ses ordres au combat de Trafalgar, et dont la conduite avait amené la destruction de la flotte combinée. Il se disposait donc à se rendre à Paris, lorsqu'on le trouva mort dans son appartement percé de cinq blessures à la poitrine. Le 13 mai 1807, il fut enterré sans pompe et sans cortège. Le scellé fut aussitôt mis sur ses papiers et ses effets qui furent expédiés à Paris.

Les circonstances graves qui se rattachaient à la fin tragique de l'amiral de Villeneuve, donnèrent alors naissance à des interprétations différentes sur la nature des causes qui avaient produit ce fâcheux événement. Les amis et les nombreux partisants du général de Villeneuve, assuraient qu'il avait été ainsi assassiné par quelques séïdes de ces hommes puissants qui avaient à se reprocher la fatale issue du combat de Trafalgar, et qui redoutaient les importantes révélations et les graves accusations de l'amiral. Ses détracteurs, au contraire, prétendaient qu'il avait pris la résolution de se suicider, alors que, rentré en France, M. de Villeneuve eut acquis la certitude que sa conduite, déjà blâmée par l'opinion publique, serait encore flétrie par les tribunaux et froissée par le courroux du chef du gouvernement, qui, disait-on, n'avait pas donné l'ordre de livrer bataille aux Anglais. Quoiqu'il en soit d'ailleurs l'amiral de Villeneuve était digne d'un meilleur sort et d'une mort plus glorieuse, de celle qu'il avait recherchée en affrontant les balles et les boulets de l'escadre anglaise. Divers auteurs ont porté leur jugement sur cette funeste fin de Villeneuve. Il est curieux de rapporter celui de Napoléon qu'on lit dans les mémoires du docteur O'Meara, tom. II , p. 54 , bien qu'il ne réunisse pas l'assentiment des marins contemporains de ce fatal événement.

« Villeneuve, dit l'empereur, lorsqu'il fût fait
« prisonnier par les Anglais , fut tellement af-
« fligé de sa défaite , qu'il étudia l'anatomie pour
« se détruire lui-même. A cet effet il acheta
« plusieurs gravures anatomiques du cœur et les
« compara avec son propre corps , pour s'as-
« surer exactement de la position de cet organe.
« Lors de son arrivée en France , je lui ordon-
« nai de rester à Rennes et de ne pas venir à
« Paris. Villeneuve , craignant d'être jugé par
« un conseil de guerre , pour avoir désobéi à
« mes ordres et conséquemment avoir perdu
« la flotte (car je lui avais ordonné de ne pas
« mettre à la voile et de ne pas s'engager avec
« les Anglais), résolut de se détruire ; il prit
« ses gravures de cœur, les compara de nou-
« veau avec sa poitrine, fit exactement , au cen-
« tre de la gravure , une longue piqûre avec

« une longue épingle , fixa ensuite cette épingle
« autant que possible , à la même place con-
« tre sa poitrine , l'enfonça jusqu'à la tête ,
« pénétra le cœur et expira. Lorsqu'on ouvrit
« sa chambre on le trouva mort ; l'épingle était
« dans sa poitrine et la marque faite dans la
« gravure correspondait à la blessure de son
« sein. Il n'aurait pas dû agir ainsi : c'était un
« brave , bien qu'il n'eût aucun talent. »

MAGON.

Le général Magon (Charles-René), né à Paris
le 12 novembre 1763, entra au service de la marine à 14 ans , en qualité d'aspirant. Devenu
garde de la marine quelque-temps après, il fit
ses premières armes au combat d'Ouessant, sur
le vaisseau la BRÉTAGNE , commandé par le
comte d'Orvilliers. En 1780, ayant obtenu le
grade d'enseigne et monté sur le SOLITAIRE , il
prit part à plusieurs combats que l'amiral de Gui-
chen livra aux Anglais. Embarqué ensuite sur le
vaisseau le CATON , il fut fait prisonnier au der-

nier combat que l'amiral comte de Grasse livra contre l'escadre anglaise. Sa captivité ayant cessé, il fit une campagne dans l'Inde, sur la SURVEILLANTE. En 1788, il obtint le commandement de l'AMPHITRITE. Il reprit sur les Anglais l'île de Diego-Garcia, en donnant des preuves de bravoure et d'habileté ; il détruisit les fortifications que les ennemis avaient élevées dans cette île. Pendant qu'il commandait les frégates la CIBÈLE et la MINERVE, il fit respecter le pavillon français dans les mers de l'Inde ; il remplit aussi d'importantes missions à la Chine et au Bengale. Dans les troubles politiques de l'île de France, en 1794, il fut mis en état d'arrestation par ordre de la société populaire, et ne sortit de prison qu'à la suite d'un jugement. Après avoir pris part à divers combats livrés par la division du contre-amiral Serçay, Magon escorta, en 1798, deux vaisseaux richement chargés, de la compagnie des Philippines, et les empêcha de devenir la proie d'une flottille anglaise. La compagnie récompensa ses services par le présent d'une belle armure. Ayant déplu au directoire exécutif, qui l'accusait d'être l'auteur du renvoi de l'île de France des agents Baco et Burnel, il fut destitué ; mais l'amiral

Bruix le fit rétablir sur les cadres de la marine comme chef de division. En 1801 , Magon servit dans l'armée navale sous les ordres de l'amiral Villaret-Joyeuse , et sa brillante conduite au siége du Fort-Dauphin , lui valut le grade de contre-amiral. Il commanda , en 1804 , l'aîle droite de la flottille de Boulogne. Enfin, au combat de Trafalgar , commandant une division de l'escadre combinée , il fit des prodiges de valeur ; mais la belle défense qu'il fit sur le vaisseau l'ALGÉSIRAS qu'il montait lui procura une mort glorieuse. Déjà blessé au bras et à la cuisse dès le commencement du combat , il n'avait pas quitté le pont , lorsqu'une balle vint le frapper à la tête. Il expira sur le théâtre même de ses brillants exploits. Ainsi périt l'un des plus braves officiers de la marine française.

DUMANOIR-LE-PELLEY.

Il débuta, en 1786 , dans la carrière de la marine par le grade subalterne d'élève de port. En cette qualité , il fit une campagne à Saint-Domingue. Au commencement de la révolution ,

il fut nommé lieutenant de vaisseau. Pleville-le-
Pelley , son oncle , étant à cette époque ministre de la marine , le nomma capitaine. Il fit partie de l'expédition d'Egypte et commanda la frégate le CARRAIRE qui , avec le MUIRON , sous
les ordres de l'amiral Gantheaume , ramenèrent
Bonaparte de l'Egypte. Nommé ensuite contre-
amiral, il commanda , en cette qualité, l'arrière-
garde de l'escadre française au combat de Trafalgar. Il y demeura d'abord tranquille spectateur
en ne prenant aucune part à cette bataille , et il
s'en éloigna ensuite avec plusieurs des vaisseaux
sous ses ordres ; il erra alors sur l'océan avec
une partie de la même division, et soutint, non
loin de Rochefort, un combat contre les Anglais , dans lequel il se signala, fut blessé et fait
prisonnier avec sa flotte. Rentré en France , sa
conduite à Trafalgar le fit traduire devant un
conseil supérieur de marine ; mais il y fut ac-
quitté. Il prit encore du service , essuya de
nouveaux revers à Dantzick , après la campagne
de Russie , et fut une seconde fois fait prisonnier à Kiow. Il adhéra à la déchéance de Napoléon , et fut dans la suite nommé plusieurs fois
membre de la chambre des députés.

LUCAS.

Le capitaine de vaisseau Lucas, qui commandait le REDOUTABLE à la bataille de Trafalgar, est mis au nombre des plus braves marins qui se soient distingués dans cette malheureuse affaire. La défense de ce vaisseau est un des plus beaux faits d'armes dans les fastes de la marine. Il soutint glorieusement l'honneur du pavillon français, et sa belle résistance dura jusqu'à ce que son vaisseau fut mis hors de combat. Cependant, comme plusieurs officiers supérieurs des escadres française et espagnole furent en butte aux reproches de l'opinion publique, il publia une relation justificative de sa conduite pendant qu'il était prisonnier de guerre à Londres. L'amiral Villeneuve en avait fait le plus pompeux éloge dans le rapport officiel de cette affaire. A son retour dans sa patrie, Napoléon fit au capitaine Lucas l'accueil le plus distingué, en le félicitant de ce qu'il était compté, ainsi qu'Infernet, parmi les officiers qui s'étaient le mieux battus. Il le nomma contre-amiral, à titre de récompense de son héroïque dévouement.

INFERNET.

Le capitaine Infernet (Louis-Cyprien) , né le 12 juillet 1756, dans la ville de Toulon, débuta fort jeune dans la carrière de la marine. Après avoir navigué sur des bâtiments de commerce, il prit du service sur les vaisseaux du Roi. Il se distingua dans le combat qui fut livré en 1782 entre l'escadre française , sous les ordres de l'amiral comte de Grasse, et l'escadre anglaise sous le commandement de l'amiral Rodney. Il était embarqué sur le vaisseau le CÉSAR, qui sauta en l'air et se sauva à la nage. A la fin de la guerre maritime de 1783, il fit , en qualité de capitaine en second du vaisseau le SOLIDE , de la compagnie des Indes , un voyage autour du monde , dont le résultat fut la découverte de plusieurs îles. Rentré au service de l'état en octobre 1792, il fut embarqué comme enseigne de vaisseau sur le brick le TARLETON. Nommé lieutenant de vaisseau en 1793 , il eut le commandement de la frégate la VESTALE. Elevé peu de temps après au grade de capitaine de vaisseau , il commanda le GUERRIER et fit une campagne honorable avec l'escadre française sous les ordres du contre-amiral Martin, qui livra divers combats contre les Anglais. Le capitaine Infernet s'y distingua d'une manière honorable. Il fut ensuite chargé du commandement de la marine dans l'île de Corse. Plus tard ayant monté la frégate le RHIN, placée sous ses ordres, il livra divers combats contre des croiseurs anglais devant le port de Toulon, et sa belle conduite lui valut les éloges flatteurs de l'amiral Latouche-Tréville, qui commandait alors l'escadre de Toulon, et dont la mort prématurée fut une grande calamité pour la marine française. Le capitaine Infernet, sur la même frégate le RHIN, prit part au combat livré à l'ouest du cap Finistère, par les escadres française et espagnole, sous les ordres de l'amiral de Villeneuve, contre la flotte anglaise sous le commandement de Calder. Le brave capitaine Deperonne ayant été tué dans cette affaire sur le vaisseau l'INTRÉPIDE, le général français voulut le confier à un autre brave, et le capitaine Infernet, dont le courage et l'habileté maritime étaient généralement reconnus, obtint cette marque d'honneur : il s'en rendit digne au combat de Trafalgar. L'on sait que le capitaine Infernet, comme Valdès qui commandait el NEPTUNO, donnèrent des preuves d'un dévouement héroïque, en poussant leurs vaisseaux sous le feu terrible de l'escadre anglaise pour sauver la flotte combinée ; et si leur exemple avait pu être suivi par les autres vaisseaux de la division sous les ordres du contre-amiral Dumanoir , la marine française n'aurait peut-être pas à regretter la désastreuse défaite de Trafalgar. Le vaisseau l'INTRÉPIDE , accablé par le nombre et combattant jusqu'à sept vaisseaux à la fois, fut mis hors de combat après avoir fait la plus glorieuse résistance. Le capitaine Infernet, son commandant, et son jeune fils, en-seigne de vaisseau , furent les derniers pris par les Anglais. Ceux-ci témoignèrent les plus flat-teuses déférences à un ennemi aussi honorable et le délivrèrent de suite de son état de captivité. Présenté à Napoléon , le capitaine Infernet fut par lui accueilli et complimenté comme s'étant montré l'un des plus braves au combat de Tra-falgar. « Si tous les capitaines s'étaient conduits « comme vous à Trafalgar , dit l'empereur , la « victoire n'eût pas été un instant indécise ». Il fut décoré du cordon de commandant de la lé-gion-d'honneur ; il obtint encore le commande-ment du vaisseau le DONAWERT , qui fesait partie de l'escadre stationnée à Toulon sous les ordres de l'amiral Emériau ; il ne quitta ce bâtiment qu'à son désarmement en 1814: peu de temps après il fut mis en retraite. Il est décédé le 4 mai 1815. Le capitaine Infernet était l'un des plus braves et de nos meilleurs marins. Il était le digne parent du maréchal Massena. Le combat de Trafalgar l'a élevé au rang des officiers de la marine les plus célèbres. Il possédait le rare talent de se faire adorer de son équipage et de lui inspirer la plus grande confiance.

COSMAO.

La belle conduite du capitaine Cosmao après l'affaire de Trafalgar, sur le vaisseau le PLUTON de 74, qu'il montait, lui fit décerner le grade de contre-amiral. Entré fort jeune au service de la marine, il avait obtenu le grade d'enseigne au moment de la révolution ; il parvint bientôt au grade de capitaine de vaisseau. Dans tous les combats où il assista, il montra un sang froid et une bravoure à toute épreuve. Il commanda en qualité de contre-amiral une des divisions de l'escadre qui fut stationnée au port de Toulon, depuis 1807 jusqu'en 1814, sous les ordres successifs des amiraux Gantheaume, Allemand et Emériau. Au commencement de 1815, il parvint à dégager, en présence de l'armée et de la population de Toulon, le vaisseau le ROMULUS, foudroyé par trois vaisseaux anglais à 3 ponts qui allaient le faire amener. Il passa de là au commandement d'une escadre à Anvers. Il fut nommé préfet maritime dans le port de Brest, en 1815 ; fit partie de la chambre des pairs de Napoléon et décéda quelques années après. C'était un habile et intrépide marin, l'un des plus redoutés par les anglais.

GRAVINA.

L'amiral Gravina passait pour être le fils naturel de Charles III, qui lui conféra le titre de duc. Il accompagna ce souverain, lorsqu'en 1758 il monta du trône de Naples sur celui d'Espagne. Elevé à Carthagène dans l'académie des gardes-marines, il débuta dans la carrière maritime dans la guerre contre les Algériens, sous les ordres du célèbre Burcelo. Bien jeune encore , il eut le commandement de deux frégates avec lesquelles il affranchit les côtes d'Espagne des ravages des Barbaresques. Il prit part ensuite aux expéditions des amiraux Cardova et Massaredo, pendant lesquelles il donna des preuves de bravoure et d'habileté. En 1793 , il commanda une division de la flotte de l'amiral Tangara , qui entra dans Toulon lors de la remise révolutionnaire de cette place aux Anglais. A la tête des troupes espagnoles, Gravina combattit plusieurs fois et fut blessé le 1er octobre à la reprise du fort Pharon. En 1794 , il fut chargé de donner des secours à Collioures avec une escadre , mais il ne put sauver ce poste important. Lorsque l'armée française attaqua le château de Roses, Gravina le conserva à sa nation et fit manquer le succès de la campagne à l'ennemi. Cette belle journée lui valut le grade de contre-amiral. En 1802 , il commanda une escadre espagnole destinée à protéger la malheureuse expédition française contre les noirs de Saint-Domingue. En mai 1804 , envoyé comme ambassadeur auprès du gouvernement français , on lui rendit de grands honneurs , où on le traita comme un amiral de notre nation. En 1805 , il fut chargé du commandement de la flotte espagnole qui se réunit à l'escadre française dans le port de Cadix, sous les ordres de l'amiral Villeneuve. Il commandait sous ses ordres au combat de Trafalgar, et après avoir combattu pendant trois heures contre trois vaisseaux anglais, avec la plus grande intrépidité , Gravina fut blessé mortellement et son vaisseau mis hors de combat. Il succomba au bout de trois mois par suite de ses blessures. Il avait dit, en voyant la Santissima-Trinidad qu'il montait, démâté de ses trois mâts : « J'étais « tout-à-l'heure sur un vaisseau, me voilà mainte- « nant dans un fort ; je ne l'abandonnerai que « quand il s'enfoncera sous mes pieds. » C'était un fort habile marin et un excellent amiral. Nommé capitaine général des armées navales espagnoles, il avait rendu de grands services à sa marine et y avait établi des écoles de pilotage et d'artillerie. Il était décoré de presque tous les ordres d'Espagne. Il a été universellement regretté.

VALDÈS.

Né en 1770 dans la province des Asturies , se voua fort jeune au service de la marine. Il fit un

voyage autour du monde avec le marquis de
Mala Espierra, pendant lequel il décrivit le détroit de Fuca , sur la côte de Nootka , dont il
publia une relation intéressante. Cet officier distingué de la marine espagnole, prit une part active à tous les combats sur mer que soutint sa
nation dans les temps modernes. Il s'y distingua
éminemment et reçut plusieurs blessures graves. Il se fit particulièrement remarquer au combat de Saint-Vincent , sur un vaisseau de ligne
qu'il commandait. Napoléon le décora d'un sabre
d'honneur, comme l'un des marins les plus distingués de l'Espagne. Au combat de Trafalgar,
il commandait le vaisseau el NEPTUNO , fesant
partie de la division sous les ordres de l'amiral
Dumanoir. Lorsqu'il vit cet officier général opérer une retraite précipitée et peu opportune,
Valdès rallia un vaisseau espagnol , deux navires
français , se jeta au plus fort de la mêlée , sauva
deux bâtiments qui allaient être pris par l'ennemi , et tomba couvert de blessures sur le
pont de son vaisseau , qui échoua sur la côte
et se perdit sur le port de Cadix. En 1808 ,
nommé amiral, il eut le commandement de l'armée navale espagnole qui , de Carthagène, devait
se rendre à Toulon ; mais indigné de l'envahis-

sement de l'Espagne par Napoléon , il ne se dirigea plus dans ce dernier port, mais bien sur l'île de Minorque. Le roi Murat , qui commandait alors la Péninsule , lui ôta ce commandement et le rappela. Au retour de Valdès en Espagne , l'insurrection de ses habitants était générale : il y prit part et continua son service dans l'armée de terre. Il concourut à la première défense de Sarragosse; il prit le commandement des troupes insurgées des Asturies , et fut grièvement blessé à l'affaire d'Espinosa. Il eut ensuite le commandement de l'escadre légère , ainsi que le gouvernement de Cadix, et concourut au rétablissement de Ferdinand VII sur le trône en 1814. Devenu lieutenant-général , il fut en butte aux persécutions de l'esprit de parti ; il fut détenu au château d'Alicante jusqu'à la révolution constitutionnelle du 7 mars 1820 , il fut alors réintégré dans la place de gouverneur de Cadix. Nommé ensuite ministre de la guerre et élu membre des Cortès en 1822 , il joua un rôle important dans les affaires d'Espagne. Le parti constitutionnel ayant succombé , Valdès se réfugia à Gibraltar, puis dans les états de Maroc , enfin en Angleterre , où il est encore.

NELSON.

Né en Angleterre , comté de Norfolk , en septembre 1758, il fut placé, dès l'âge de 12 ans, en
qualité de volontaire , sur le vaisseau le RATIO
NAL. Ce jeune mousse fit partie de l'entreprise
du capitaine Phipps , chargé d'un voyage de
découverte vers le pôle du nord. Devenu marin
expérimenté , Nelson fut nommé lieutenant en
1777. Élevé au grade de commandant de corvette en 1778 , et de capitaine en second en
1779, il alla faire la guerre en Amérique , revint
en Angleterre et partit pour les îles sous le vent
avec la frégate le BORÉE. Le duc de Clarence ,
qui fesait ses premières armes sous lui , commandait alors le PEGASE ; Nelson lui sauva la vie
et celle de son équipage. La guerre étant déclarée par suite de la révolution française, Nelson
prit le commandement de l'AGAMEMNON , fut
envoyé en croisière dans la méditerranée , et
contribua à la remise de Toulon , de Bastia et de
Calvi. C'est devant Bastia qu'un coup de feu lui
fit perdre un œil. Nommé commodore en 1796,
il prit le commandement de la MINERVE , tenta
une attaque contre les îles Canaries et fut re

poussé par le gouverneur espagnol. A la hauteur du cap Saint-Vincent , il battit , avec l'amiral Servis , la flotte espagnole. Ce combat est un de ceux dont les Anglais s'énorgueillissent le plus. L'engagement eut lieu le 14 février 1797 , contre 27 vaisseaux espagnols. L'Angleterre n'avait à opposer que 15 vaisseaux de ligne. Nelson attaqua la SANTA-TRINIDAD de 126 canons, força le SAINT-JOSEPH de 80 canons , et le SAINT-NICOLAS de 112 à amener. Le premier il s'élança sur le SAINT-JOSEPH , et reçut l'épée des mains de l'amiral espagnol , qui ne voulut la remettre qu'à l'intrépide commodore. Cet éclatant succès valut à l'amiral Servis , qui s'était moins distingué que son collègue , le titre de lord Saint-Vincent, et à Nelson la décoration de l'ordre du bain , le rang de contre-amiral, ainsi que les plus honorables récompenses. La cité de Londres lui envoya des lettres de bourgeoisie dans une boîte d'or du poids de 100 guinées. Chargé plus tard de commander l'escadre qui bloquait Cadix , il fit bombarder cette place vaillamment défendue par l'espagnol Massaredo. Ayant tenté de reprendre l'île de Ténériffe , il eut le bras droit emporté dans l'action et échoua dans cette entreprise. Il opéra son retour en Angleterre , qui fut un nouveau triomphe pour lui. Le gouvernement lui donna une pension de 1000 livres sterling. Bientôt il alla rejoindre l'escadre de l'amiral Saint-Vincent , en croisière devant Cadix ; c'est alors qu'eut lieu l'expédition d'E-gypte. Nelson fut chargé d'observer la flotte française et de poursuivre le général Bonaparte, en dirigeant ses courses sur Toulon , la Sicile , Messine , Malte et Alexandrie ; il ne put atteindre son ennemi. Ce contre-temps fit accuser l'habileté de Nelson ; mais il reprit bientôt ses brillants avantages, en livrant la bataille d'Aboukir. Cette célèbre victoire le fit élever , par l'orgueil des Anglais , au rang des grands hommes. Son gouvernement le créa baron du Nil ; celui de Naples , duc de Bronté en Sicile ; le sénat de Messine le décora du titre de citoyen; le Grand Seigneur lui fit présent d'une aigrette en diamants. Il fut nommé pair d'Angleterre en 1802. L'année d'après il commanda le bombardement d'Alger. En 1804 , il tenta vainement d'incendier Boulogne et de s'opposer à la jonction des escadres française et espagnole dans la méditerranée , et de les empêcher , en 1805 , de se rendre aux Antilles , mais sa fortune reparut dans tout son éclat au combat de Trafalgar, où

il trouva la plus glorieuse mort au milieu de la
plus brillante victoire de la marine. Nelson reçut
sur l'épaule droite une balle qui, pénétrant obli-
quement, avait brisé l'épine du dos. Apprenant
de M. Betty, son chirurgien-major, qu'il n'a-
vait plus qu'une heure à vivre, il fit appeler M.
Hardy, son capitaine de pavillon, pour lui défendre expressément de faire connaître sa mort
à l'escadre anglaise, et lui prescrire de mouiller
après le combat au lieu même où il se livrait ;
mais celui-ci n'osa pas s'assumer la responsabilité
d'un pareil ordre, et il signala la mort de l'a-
miral en chef. Son corps fut mis dans un ton-
neau de rhum, pour être transféré en Angleterre. La balle qui l'avait frappé, extraite par M.
Betty, fut déposée dans une boîte de cristal,
enrichie de filets d'or, et offerte par le gouvernement à cet officier de santé. L'opinion générale fut dans le temps que le coup de feu que
reçut Nelson, fut lancé par un militaire de l'armée de terre, posté dans la hune du vaisseau
le REDOUTABLE. Ainsi fut couronnée la vie héroïque de Nelson, qui fut chantée et empreinte
sur le marbre par les plus célèbres poètes et ar-
tistes de l'Angleterre. Ses dépouilles mortelles
reçurent les plus grands honneurs et furent dé-

posées dans un beau monument à Saint-Paul. Ses ennemis ont même avoué sa gloire et sa grande habileté.

CALDER (ROBERT).

Il entra fort jeune dans la marine anglaise, et prit part, comme capitaine de vaisseau, à la bataille livrée par les Anglais, le 27 février 1797, contre l'escadre espagnole, au cap Saint-Vincent. En 1805, il commandait en chef l'escadre anglaise au combat du cap Finistère, qui eut lieu avec les flottes combinées française et espagnole, sous les ordres des amiraux Villeneuve et Gravina. Bien qu'il eût pris deux vaisseaux espagnols, les Anglais lui reprochèrent de n'avoir pas remporté une victoire plus éclatante ; c'est ce qui le fit traduire devant un conseil de guerre à Portsmouth, qui l'acquitta de toute imputation de lâcheté, mais qui déclara que cet amiral n'avait pas fait tout ce qu'il aurait pu pour détruire les flottes ennemies ; il fut dès-lors condamné à être sévèrement censuré. Malgré ce jugement,

il fut encore employé et chargé du commandement d'une division de l'escadre de l'amiral Nelson, qui livra le combat de Trafalgar ; Calder
s'y distingua. Il a toujours servi jusqu'en 1816,
remplissant les fonctions d'amiral du pavillon
blanc.

COLLINGWOOD.

Après la mort de Nelson, l'amiral Collingwood prit le commandement de l'escadre anglaise. En récompense de sa conduite dans la
bataille de Trafalgar, son gouvernement le nomma pair d'Angleterre, avec une pension de 2000
livres sterling. Il est décédé le 7 mars 1810, à
bord du vaisseau qu'il commandait.

ARMÉE NAVALE COMBINÉE

de France et d'Espagne,

SOUS LES ORDRES DE L'AMIRAL DE VILLENEUVE.

———⊷◦⊶———

Avant-garde sous l'Amiral ALAVA.

Rentré à Cadix très-endommagé, avec 350 hommes hors de combat.	PLUTON...............	74 c.	COSMÁO , cap.
A coulé pendant la nuit.	MONARCA	74 —	ARGUMOSA.
Démâté de tous ses mâts, coulé bas peu de temps après le combat.	FOUGUEUX............	74 —	BAUDOIN , tué.
Rentré à Cadix le 22 avec de fortes avaries, remorqué par la frégate la THÉMIS, qui fit lâcher prise au vaisseau anglais qui avait amariné la SANTA-ANNA.	SANTA-ANNA........	112 —	ALAVA , vice-amiral , blessé.
Naufragé dans la baie près de Rota; il s'est sauvé très-peu d'hommes; il y en eut environ 1200 de noyés.	INDOMPTABLE........	80 —	HUBERT.
Rentré à Cadix le 22, sans avaries, sans un homme tué étant par le travers et sous le vent du vaisseau amiral français ; il a laissé arriver sans combattre.	SAN-JUSTO..........	74 —	GASTON.
A été pris et a coulé peu après, après s'être vaillamment défendu.	INTRÉPIDE..........	74 —	INFERNET.

(149)

Corps de bataille sous les Amiraux De Villeneuve et Escagno.

Coulé pendant le combat.	REDOUTABLE.	74 —	Lucas.
Rentré à Cadix le 22, sans s'être battu.	SAN-LEANDER.	64 —	Gueredo.
Idem.	NEPTUNE.	8o —	Maistral.
Totalement démâté, a été pris par les Anglais et repris par son équipage ; a péri en entrant à Cadix.	BUCENTAURE	8o —	Magendie.
Totalement démâté, a été pris et a coulé bas pendant la nuit.	SS.ma-TRINIDAD.	13o —	Escagno, c.-am.
Rentré à Cadix.	HÉROS.	74 —	{ Poulain , tué à la 1re bordée.
Coulé pendant la nuit.	SAN-AUGUSTINO	74 —	Cajigal.

Arrière-garde sous l'Amiral Dumanoir-Peley.

A resté sous voiles et tenu la mer avec l'amiral Dumanoir.	MONTBLANC.	74 —	Lavillegris.
Échoué sur la côte et perdu.	St-FRANCISCO ASSISO.	64 —	Flores.
A resté sous voiles et tenu la mer avec l'amiral Dumanoir.	DUGUAY-TROUIN.	74 —	Touffet , tué.
Idem.	FORMIDABLE.	8o —	{ Dumanoir, a.ral Letellier, c.ne
Pris le lendemain du combat.	RAYO.	1oo —	Macdonal.

A resté sous voiles et a tenu la mer avec l'amiral Dumanoir.	SCIPION	74 —	BERENGER.
Echoué sur la côte et perdu, après avoir glorieusement combattu.	NEPTUNO	80 —	VALDÈS.

Escadre d'observation sous les Amiraux GRAVINA et MAGON, tués.

Totalement démâté et pris.	St-JUAN-NEPOMUCENO	74 —	CHARRUCA, tué.
Totalement démâté et coulé bas pendant la nuit à la suite du naufrage.	BERWICK	74 —	CAMAS, tué.
Rentré à Cadix le 22.	PRINCE DES ASTURIES.	112 —	GRAVINA, a.ᵃˡ tué
A pris feu et sauté en l'air pendant le combat.	ACHILLE	74 —	NIEWPORT, tué.
Démâté et pris.	SAN-IDELPHONSE	74 —	ALCEDO.
Rentré à Cadix.	ARGONAUTE	74 —	EPRON.
Démâté, pris et conduit à Gibraltar.	SWISTSURE	74 —	VILLEMANDRIN.
Démâté et pris.	ARGONAUTA	80 —	
Rentré à Cadix, après s'être bien battu.	ALGÉSIRAS	74 —	MAGON, a.ᵃˡ tué. / LETOURNEUR, c.
Rentré à Cadix le 22.	MONTANES	74 —	GALEANO.
Démâté, pris par les Anglais et repris par son équipage, perdu dans la baie de Ste-Marie faute de monde	AIGLE	74 —	COURÈGE, tué.
Totalement désemparé et pris.	BAHAMA	74 —	GALIANO.

FRÉGATES

FAISANT PARTIE DE LA MÊME ESCADRE.

Rentrée à Cadix. — C'était la frégate de l'amiral.	L'HORTENSE.... DE LA MEILLERIE, cap.
Idem. — Attachée au contre-amiral Dumanoir.	La CORNÉLIE.... DE MARTINENQ, capit.
Idem. — Attachée à l'amiral Alava.	Le RHIN........ CHESNEAU, *id.*
Idem. — Attachée au général Magon.	L'HERMIONE.... MAHÉ.
Idem. — Attachée au général Gravina.	La THÉMIS...... JUGAN.

ARMÉE NAVALE D'ANGLETERRE

Au Combat de Trafalgar,

Sous les ordres de l'Amiral NELSON.

Première Division. — Amiral NELSON, tué.

			Offi. et Mar. morts ou noyés.	
			Offi.	Mar.
Démâté, remorqué par une frégate, coula bas le 22 dans la baie de Gibraltar.	VICTORY.......... 100 c.	NELSON, am.al KOOK, major-général. 2.	11	615
Désemparé, a coulé bas pendant la nuit, après le combat.	BRITANNIA........ 100 —		7	559
Idem.	PRINCE OF WALES. 98 — 2 c.dants		15	611
Entré à Gibraltar le 24, remorqué par une frégate, très-avarié et mis hors de service.	DREADNOWGTH ... 98 — 1 id.		5	128
Idem le 22.	TEMERARY........ 98 — 2 id. CAVEY, c.e		3	112
Tout-à-fait délabré, a coulé bas après le combat.	NEPTUN........... 98 — 2 id. FRÉMÉOLE.		7	193
Idem.	PRINCE........... 98 — 2 id.		5	246

Deuxième Division. — Amiral COLLINGWOOD.

Démâté et rentré le 27 à Gibraltar.	KECN............ 98 — 1 id.		3	95
Idem le 25.	CANOPUS .... 80 — 2 id.		2	45

Démâté et naufragé sur la côte de Barbarie.	DONNEGALL.......	80 — 2 c.^{dants}.		3	122
Démâté, rentré le 23 à Gibraltar.	TIGER...........	80 — 2 *id.*		5	98
Rentré à Gibraltar tout démâté.	TONNANT........	80 — 2 *id.*	EYTER	3	41
Désemparé, remorqué par une frégate, a coulé bas levant Gibraltar.	SPENCER.........	74 — 1 *id.*		5	233
Tout-à-fait délabré, a coulé bas dans la nuit du 21.	SPARTIAT........	74 — 2 *id.*	LAFOREY.	5	342

Troisième Division. — Amiral CALDER.

Tout-à-fait délabré, a été brûlé par les Anglais.	DEFENSE.........	74 — 2 *id.*		17	700
Entré à Gibraltar, démâté de ses mâts de hune.	SWIFTSURE........	74 — 2	ROTHERFORD.	2	52
Sous voiles, démâté du grand mât le hune.	LEVIATHAN.......	74 — 2 *id.*		2	92
Idem du petit mat de hune.	ORION..........	74 — 2	CODRINGTON.	1	78
Idem.	ZEALOUS.........	74 — 3 *id.*		4	122
Idem.	CONQUEROR......	74 — 3 *id.*	PELEW.	2	19
Entré à Gibraltar très-endommagé.	REVENGE.........	74 — 3 *id.*	MORTEN.	5	83

Quatrième Division. — Amiral BIKERTON.

Entré à Gibraltar	ACHILLES.........	74 — 3 *id.*	KING.	3	70
Echoué et perdu sur la côte près Coil.	MINAUTURUS......	74 — 3 *id.*	MAUFULE.	5	265

Echoué et perdu sur la côte près Conil.	COLOSSUS......... 74 —	MORIS.	Presque tout l'équipage.	
Sous voiles.	MARS .... 74 — 3 c.dants DUST.		1	2
Idem.	BELLEROPHON ..... 74 — 3 id. COOK.		2	43
Sous voiles, démâté de son mât d'artimon.	POLIPHEMUS ...... 74 — 1 id. REDNOUT.		1	28

Cinquième Division. — Amiral LOUIS.

Rentré à Gibraltar le 22, désemparé et remorqué par une frégate.	EAGER........... 80 — 2 id.	3	112
Sous voiles.	AUDACIOUS. .... 74 — 2 id.	2	18
Se trouvant trop souvent, n'a pu prendre part au combat. Sous voiles.	CARNATIE .... 74 *		
Venant de Gibraltar n'a pu rallier à temps pour prendre part au combat. Sous voiles.	ABUKIR........... 74 *		
Idem.	TAGLE .... 74 *		

Sixième Division.

A rallié vers le soir à la fin du combat, péri corps et biens sur le banc de Trafalgar.	ROYAL SOWERING. 110 * COLLINGWOOD.
Rallié vers le soir, n'a pu prendre part au combat. Sous voiles.	LIGHTENING .... 74 *
Idem.	DUKE OF YORK..... 90 *

Nota. Tous les vaisseaux ayant ce signe * n'ont pas assisté au combat.

CHAPITRE VI.

Réflexions sur le combat de Trafalgar.

On ne peut présenter ici l'analyse des ordres ou des instructions que l'amiral de Villeneuve avait reçus relativement à sa mission de commander les escadres française et espagnole dans la baie de Cadix; quelle que soit la nature de ces ordres, cet amiral n'en serait pas moins excusable d'avoir livré le combat de Trafalgar. Placé à la tête d'une armée formidable, entraîné par l'enthousiasme de ses officiers et de ses marins, plein de regret comme ceux-ci de n'avoir pas obtenu de plus grands avantages contre les Anglais, au combat du cap Finistère, il ne pouvait dévorer plus long-temps l'affront de voir les forces imposantes de la France soumises au blocus et aux insultes d'un orgueilleux ennemi. Ce fier insulaire, quoique plein d'audace et de confiance, ne paraissait pas invincible ; il n'était pas d'ailleurs exempt de crainte, en voyant la réunion des escadres combinées. Aussi, au premier signal de l'apparition de l'armée navale d'Angleterre sur les parages de Cadix, l'amiral de Villeneuve, de concert avec le général Gravina, se décida à mettre sous voiles pour aller à sa rencontre, la combattre et tâcher de la vaincre. Il serait sorti vainqueur de cette bataille, s'il ne fallait que de la bravoure et du sang froid pour remporter des victoires sur mer, si ses ordres avaient été mieux exécutés, et si tous ses vaisseaux eussent combattu avec ensemble et à propos. Cette assertion est justifiée par l'importance des avaries et des pertes qu'a fait éprouver à l'ennemi la partie de l'armée navale qui a combattu, si on la compare aux dommages plus considérables qu'il aurait essuyés avec la coopération de tous nos vaisseaux, alors que ceux-ci seraient venus renforcer les combattants, et faire diversion à la supériorité que l'ennemi présentait par la réunion de toutes ses forces contre une partie seulement de celles de l'armée combinée. Au reste, les parages où s'opéra la rencontre de deux armées où le combat fut livré, ne permirent pas à l'amiral de Vil-

leneuve d'employer les ressources de la tactique ,
en fesant évoluer son armée pour rompre le projet d'attaque de l'ennemi ; la faiblesse du vent
et la grosse houle , qui fesaient dériver nos vaisseaux et encombrer sa ligne de bataille , l'obli-
gaient à donner deux ou trois quarts dans les
voiles , et de courir un peu largue , pour que
chaque vaisseau pût gouverner et se maintenir à
son poste. L'étendue de la ligne de bataille et
la proximité de la côte sous le vent, ne lui laissaient pas également assez d'espace pour exécuter des mouvements composés , susceptibles
de faire avorter le plan que l'amiral Nelson avait
déjà développé à Aboukir. Les amiraux anglais
exécuteront toujours le même plan avec succès ,
lorsqu'ils seront au vent et qu'ils auront à opérer
sur une ligne de bataille, dont une partie de nos
vaisseaux ne combattra pas ou s'en ira , tandis
que l'autre moitié sera écrasée par des forces
supérieures qui sauront se réunir contre elle sans
éprouver d'obstacles. Ainsi , par cette manière
d'attaquer nos escadres, lorsque les Anglais sont
au vent à elles, nos adversaires nous démontrent
que nous devons faire tous nos efforts et employer toutes les manœuvres pour gagner le vent.
Quoique cette position ait aussi ses inconvénients,

elle a pourtant cet avantage de ne pas nous mettre tout-à-fait à la disposition des mouvements subits de l'ennemi ; alors , au lieu de l'attendre de sang froid , lorsque nous sommes sous le vent , il nous faut nécessairement évoluer pour rompre son projet d'attaque ou pour aller l'attaquer ; et si au combat de Trafalgar le vent avait été assez frais pour faire porter nos vaisseaux au plus près ou à six quarts , et si l'armée n'eût pas eu la terre aussi près sous le vent à elle , l'amiral de Villeneuve , au lieu de laisser l'ennemi maître des moyens et du moment de l'attaque en l'attendant de pied ferme , aurait pu faire manœuvrer l'armée , 1° en faisant arriver chaque vaisseau de deux ou trois quarts au rhum de vent, pour aller se former en échiquier sur la ligne du plus près opposée aux amures ; 2° en fesant forcer de voiles aux vaisseaux formant l'arrière-garde , parce qu'ils auraient eu à parcourir un plus long intervalle pour parvenir sur cette ligne et s'y former en échiquier ; 3° alors que tous les vaisseaux arrivés sur la ligne et s'y tenant relevés par la hanche l'un de l'autre , en les fesant arriver tous en même temps , pour leur faire prendre lof pour lof les amures à tribord et tenir de suite le plus près du vent. Par ce mouvement , dont il fallait commencer l'exécution au moment où l'amiral anglais marqua le sien d'une manière très-claire , en fesant arriver ses deux colonnes perpendiculairement sur la ligne de bataille de l'armée combinée , l'amiral de Villeneuve aurait pu doubler l'ennemi au vent. Cette manœuvre était indispensable ; si celui-ci s'était obstiné à poursuivre l'armée combinée dans son mouvement pour exécuter son premier plan , qu'il n'aurait pu alors effectuer que par sous le vent : cet état de choses aurait permis à l'amiral de Villeneuve de manœuvrer pour séparer les deux colonnes et mettre l'armée anglaise dans une position désavantageuse ; différemment , l'amiral Nelson voyant son projet découvert , aurait réuni ses deux colonnes et formé sa ligne de bataille sous l'amure la plus favorable , pour combattre avec quelque succès ; néanmoins, son premier mouvement étant manqué , il aurait perdu le triple avantage qu'il obtint de mettre le désordre et la confusion dans la ligne de l'armée combinée, d'en envelopper une partie et de combattre deux et trois vaisseaux contre un. Dès-lors l'engagement serait devenu général ; chaque vaisseau français et espagnol aurait combattu simultanément, et le signal de venir au feu n'aurait pas été fait en vain ou n'eut pas été méconnu. Cependant l'on n'ignore pas en France le sort que l'Angleterre réserve à ses amiraux ou à ceux qui, par insubordination ou par une manœuvre évidemment fausse et honteuse, contribueraient à la perte d'un combat naval. Après tout, quelles que soient les causes de la déplorable issue de cette affaire, où le personnel et le matériel des deux armées ont également éprouvé des avaries et des pertes notables, l'amiral de Villeneuve n'en a pas moins fait tout ce que l'honneur, ses lumières et l'étendue du champ de bataille lui ont permis d'exécuter. Sans doute des fautes graves d'insubordination ont été commises : elles sont évidentes, et il n'est malheureusement que trop vrai que ses ordres et ses signaux ont été méconnus et sont restés sans exécution.

Quelques personnes pensent néanmoins que ce qui peut justifier la résolution du contre-amiral Dumanoir, commandant l'avant-garde, d'avoir viré de bord un peu trop tard pour venir renforcer les vaisseaux combattants, et d'avoir immédiatement fait la retraite vers la pleine mer, tandis qu'ils devaient au moins se réunir aux vaisseaux qui se retirèrent à Cadix, c'est sans doute l'es-

poir qu'il avait de rencontrer la division du contre-amiral Allemand , qu'il pouvait supposer être
dans ces parages. Certes , si cette rencontre s'é-
tait effectuée le lendemain ou le surlendemain
du combat, l'escadre française aurait pu obtenir
une brillante victoire sur les vaisseaux anglais
déjà si fortement endommagés ; elle les aurait
attaqués , alors que , dispersés par la tempête ou
affaiblis par des avaries, ils ne pouvaient qu'é-
prouver le plus grand échec. A cette époque , l'intrépide Cosmao , sorti de Cadix avec une faible
division de 3 vaisseaux, fit lâcher prise aux Anglais de 3 de nos vaisseaux et d'un espagnol ,
capturés à Trafalgar, et les ramena dans Cadix [1].
Toutefois, à la mer , les probabilités les mieux

---

1. Dans la nuit qui suivit le combat de Trafalgar ,
il survint un ouragan ; les équipages de plusieurs vaisseaux français capturés en profitèrent pour les enlever
à l'ennemi. Ces bâtiments rentrèrent dans Cadix. Alors
le capitaine Cosmao , sortit de ce port à la tête de 3 vaisseaux français , 2 espagnols , 5 frégates et 2 corvettes ,
et avec ces forces il reprit sur les Anglais plusieurs
vaisseaux français et espagnols.

calculées étant toujours soumises à l'influence et à la variété des éléments , restent souvent sans résultat.

Cependant, pour rendre la justice qui est due à ceux de nos équipages qui ont bien combattu, il est essentiel de remarquer que dans une affaire aussi désastreuse pour notre marine , les Anglais n'ont pu emmener dans leur port qu'un seul vaisseau français ; la tempête , il est vrai , peut avoir contribué à ce résultat. Quoiqu'il en soit ; sur 18 vaisseaux français on en compte 5 de rentrés à Cadix , 4 de sauvés avec la division Dumanoir [1], et 3 furent repris par la division Cosmao. En tout 12 vaisseaux sauvés dans cette affaire ; des 6 restants 4 ont coulé bas ou pendant ou à la suite du combat ; 1 a été perdu sur la côte et le SWISTSURE a été emmené. Quant aux 15

---

1. Ces quatre vaisseaux s'éloignèrent du théâtre de Trafalgar , furent rencontrés peu de jours après au cap Finistère par une escadre anglaise sous les ordres du commodore Stracham ; ils furent attaqués et bientôt pris par l'ennemi. Le général Dumanoir fut traduit devant un conseil de guerre qui l'acquitta.

vaisseaux espagnols, 4 sont rentrés à Cadix, ainsi que la Santa-Anna, qui fut reprise par la division Cosmao, 4 ont coulé bas à la suite du combat, 2 ont été se perdre et se briser sur la côte, et les autres 4 ont été emmenés.

Les Anglais, s'il faut en croire des listes dont on n'oserait garantir l'exactitude, auraient perdu beaucoup de monde [1] ; 12 de leurs vaisseaux auraient coulé bas à la suite du combat, ou seraient péris sur la côte, sans compter ceux qui auraient été mis hors de service dans les ports d'Angleterre [2].

------

1. Seize cents marins anglais périrent dans cette affaire, d'après les relations de leurs journaux.

2. L'amiral Villeneuve possédait toutes les connaissances d'un habile général de mer. Les instructions qu'il avait adressées à ses capitaines de vaisseaux, peu de jours avant le combat de Trafalgar, sont considérées comme un parfait modèle de tactique navale.

Il leur disait : « Tout commandant qui ne serait pas « dans le feu, ne serait pas à son poste..... Dans le « cas où les signaux ne pourront pas être aperçus où « parfaitement compris, un capitaine ne fera pas de « faute s'il place son vaisseau par le travers d'un vaisseau « ennemi..... C'est bien plus de son courage qu'un com-

« mandant doit prendre conseil que des signaux de
« l'amiral qui, engagé lui-même dans le combat, n'a
« peut-être plus la faculté d'en faire...... Tous ses efforts
« doivent tendre à se porter au secours des vaisseaux as-
« saillis...... Il est possible que, pendant le combat,
« la fumée empêche de distinguer mes signaux, dans
« ce cas, les capitaines de l'escadre ne doivent point
« oublier que je serai toujours à l'endroit où il y aura le
« plus de danger à courir et que c'est là qu'ils doivent
« se porter...... »

Il est à regretter que d'aussi belles instructions n'aient
pas été suivies par tous les commandants dans ce trop
célèbre combat.

CHAPITRE VII.

Relation des combats de Santo-Domingo et de l'île d'Aix.

Après les combats d'Aboukir, du cap Finistère et de Trafalgar, il n'y eut, pour ainsi dire, que des échauffourées pendant nos dernières guerres. Si elles n'ont pas constamment produit des triomphes maritimes dans les temps modernes, il est utile au moins de présenter l'esquisse de nos revers. C'est là que doit être l'école où un officier instruit et ami de la prospérité de son pays, peut encore apprendre à se préserver dés fautes qui ont produit les désastres de la patrie.

En affaires maritimes, il est des principes qui ne peuvent être méconnus, et dont la violation est toujours une calamité publique. L'officier de la marine ou l'amiral qui est assez incapable ou assez imprévoyant pour laisser en temps de guerre ses vaisseaux dégréés et mouillés dans une rade foraine, où il peut être, à chaque instant, surpris par l'ennemi sans pouvoir être protégé par des batteries à terre, est peu digne de mériter la confiance du gouvernement, si son escadre éprouve le sort d'être prise ou détruite. Telle fut cependant la destinée de 5 vaisseaux de guerre français détachés à Santo-Domingo, en 1806, sous les ordres du contre-amiral de Leissègues. Ces vaisseaux étaient mouillés sans ordre à une très-grande distance de la ville et de la côte ; occupés l'un à refaire son arrimage, l'autre à repasser son gréement, d'autres à se calfater et à recouvrir les coutures de flottaison ; tous, enfin, avaient envoyé leur embarcation pour faire de l'eau dans un ravin éloigné de la rade de deux ou trois lieues. C'est dans ce moment, le 6 février, à 5 heures du matin, que la frégate la Diligente, qui était en vedette, annonça, par des bordées de canon réitérées, l'approche de l'ennemi en force supérieure, au vent fesant route, toutes voiles dehors, vers le mouillage.

La brise fraîche, à la partie de l'E., eut bientôt poussé l'ennemi en vue du mouillage. L'amiral français, à bord du vaisseau à trois ponts l'Impérial, fit aussitôt le signal à tous ses vaisseaux de se tenir prêt à mettre sous voiles ; il appareilla lui-même à l'instant , à 6 heures ; il mit les signaux particuliers des vaisseaux le Jupiter , l'Alexandre, le Diomède et le Brave , avec l'ordre précis d'appareiller en coupant les câbles ou en les filant à la mer ; mais ce dernier vaisseau avait ses batteries tellement encombrées et embarrassées , qu'il répondit ne pouvoir exécuter l'ordre. Néanmoins, à 6 heures $\frac{3}{4}$ il mit sous voiles pour rallier l'escadre qui fesait route au S.-O. , ainsi qu'elle avait été signalée par l'amiral.

A 7 heures , le signal fut fait de forcer de voiles , ainsi que celui de former la ligne [1] de bataille dans les eaux de l'Alexandre , vaisseau le plus en avant ; mais le Jupiter et le Brave étant fort arriérés , et les autres fesant toujours force de voiles , la ligne ne pouvait être formée d'une manière convenable.

A 9 heures, l'ennemi , au nombre de 7 vaisseaux de ligne et de 5 frégates ou corvettes ,

---

[1]. Ce signal était inutile. Ce n'est pas en laissant de l'arrière les mauvais voiliers et en fuyant à toutes voiles , qu'on peut former une ligne de bataille. Il fallait d'abord se rallier et régler sa voilure sur la vîtesse des mauvais voiliers.

joignit l'escadre française. La flotte anglaise, confiée aux commandements des amiraux Korth, Louis et Cochrane, était beaucoup plus forte, et d'ailleurs parfaitement armée. Le Jupiter et le Brave restant de l'arrière, absolument séparés de leur escadre, furent attaqués les premiers, à demi-portée de canon, par 4 des vaisseaux ennemis, et après une vaine résistance ils amenèrent leurs pavillons [1] vers les onze heures. L'Alexandre, également séparé des deux autres, fut atteint et attaqué de très-près par deux vaisseaux, contre lesquels il combattit vaillamment; mais démâté, désemparé de tous ses mâts et ras comme un ponton, il fut forcé de se rendre. Dès-lors l'ennemi dirigeant toutes ses forces contre l'Impérial, qui n'était soutenu que par le Diomède, engagea de très-près le combat que ces deux vaisseaux soutinrent vigoureusement, en faisant éprouver quelques avaries aux vaisseaux anglais ; malheureusement, accablé par le nombre, l'Impérial fut absolument dé-

---

1. Ils étaient pourtant en bon état de mâture et se rendirent sans avoir éprouvé aucune avarie majeure.

(169)

semparé de tous ses mâts [1]. Dans cette situation désespérée, l'amiral français, toujours canonné sans relâche, ne voulant pas rendre le vaisseau à l'ennemi et se voyant près de la côte, prit le parti d'aller s'échouer, ce qu'il exécuta à l'aide d'une voile de perroquet qu'il avait fait établir au tronçon de son mât de misaine. Le Diomède, également désemparé et ne pouvant tenir plus long-temps contre des forces aussi supérieures, suivit le mouvement de l'amiral et s'échoua [2]. Ce fut à neuf lieues, à l'ouest de

----

[1]. L'Impérial fut attaqué par six vaisseaux et le Diomède par trois ; l'engagement fut terrible ; il avait lieu à une portée de pistolet. Après deux heures et demie de combat, le premier perdit deux officiers supérieurs et 500 hommes ; il avait 500 boulets dans le corps. Dans cette position il se trouvait réduit au seul service de 9 canons dans sa première batterie ; l'amiral de Leissègues le fit échouer sur la côte, en présentant toujours le travers à l'ennemi, qu'il combattit jusqu'au moment où il fut forcé de prendre le large.

[2]. Après l'échouement on débarqua les blessés et on retira de ces vaisseaux tout ce qu'on put en sauver ;

(170)

Santo-Domingo , que ces deux vaisseaux firent
côte. Les équipages les ayant abandonnés en se
sauvant à terre, les Anglais restèrent deux jours en
vue et essayèrent de vouloir mettre à flot ces deux
bâtiments ; mais voyant que leurs efforts étaient
inutiles, et que les Français y avaient mis le feu ;
ils abandonnèrent ces parages. Les frégates et
corvettes françaises se sauvèrent pendant l'action.

On conçoit aisément que des vaisseaux pouvaient sortir assez mal équipés de nos ports dans
un moment encore voisin des temps d'anarchie
et de dilapidation, et qu'à la suite d'une navigation orageuse, ils eussent besoin de répara-
tions ; mais alors il fallait aller dans un port ou
sur une rade sûre pour y procéder, et si ces ré-
parations étaient de nature à ne pas permettre le
moindre retard, on pouvait commencer à mettre en état le vaisseau le plus maltraité , en lui

---

mais les Anglais canonnèrent ce mouvement. Après avoir
valeureusement combattu , ne pouvant sauver son vaisseau , l'amiral de Leissègues se détermina à l'incendier
en présence de l'ennemi. Il sauva ainsi l'honneur du
pavillon français.

portant tous les secours possibles. Quand ce vaisseau aurait été réparé , tous les moyens devaient
se porter sur un autre ; il faut , en pareil cas ,
prendre garde surtout de mettre en réparation
tous ou plusieurs vaisseaux en même temps ,
dans la crainte de se trouver au dépourvu s'il
fallait tenir tête à l'ennemi et appareiller pour
éviter une défaite. On ne doit jamais oublier que
des vaisseaux de guerre , mouillés en rade foraine , doivent toujours être prêt à combattre ,
à se mettre en ligne et à appareiller, lorsque en
temps de guerre l'on peut à tout moment être
attaqué par l'ennemi. Dans ces cas même on
ne doit pas accorder trop de confiance aux divers rapports qui vous annoncent l'éloignement
ou l'absence de l'ennemi des parages où vous
stationnez.

Quant à l'affaire qui s'est passée à l'île d'Aix [1],

---

1. Il ne faut pas confondre ce désastre avec l'honorable combat qui fut livré , le 27 décembre 1811 , à
l'île d'Aix , par les forces navales françaises sous le
commandement de M. Jacob , actuellement vice-amiral,
préfet maritime au port de Toulon , contre une flottille

entre les brûlots de l'amiral Gambier et le contre-
amiral Allemand, commandant l'escadre française qui y était mouillée, il est pénible de penser
qu'après une telle échauffourée que l'on ne
peut qualifier de combat, il y ait eu des capitaines de vaisseau punis de mort, d'autres dégradés et déshonorés, sans que les conseils de
guerre n'aient sans doute pris en considération
la conduite de l'amiral. Il était possible que ses
dispositions eussent été mal calculées ou con-
traires à d'autres plus efficaces qu'il pouvait prendre pour garantir son escadre d'une pareille
catastrophe, à moins que ses instructions ne lui
prescrivissent positivement de garder ce mouillage.

Dans un passage et sur une rade où un amiral
n'aurait d'autre ressource pour soustraire son
escadre à des forces extrêmement supérieures,

---

anglaise bien supérieure en nombre, dont l'heureux
résultat procura la prise de 5 péniches et 118 hommes
perdus pour l'Angleterre. Cette affaire fit le plus grand
honneur aux talents et à l'habileté du chef, ainsi qu'à
la valeur des officiers et des marins français.

que de la couvrir d'une estacade (et c'est le dernier de tous les moyens) , on peut l'établir avec
quelque apparence de succès , n'importe dans
quelle direction, là où la force des marées n'a
aucune influence ; mais c'est un moyen toujours
très-équivoque de défense qu'une faible estacade
disposée en travers du courant d'une grande
marée , dont la force du vent peut augmenter
la rapidité ; une pareille estacade ne pourrait
guère tenir contre le choc de plusieurs vaisseaux
chargés et armés de toute sorte de moyens des-
tructeurs, venant à pleines voiles, tous enflammés, éclater sur elle pour la rompre et la détruire.
Il semble que dans ce dernier cas l'estacade pourrait être établie dans le fil du courant suivant la
direction des marées , à une portée de canon des
vaisseaux qui , mouillés en ordre de bataille sur
une ligne parallèle en-dedans à elle , la protége-
raient de cette manière. Il faut encore que les
localités permettent de l'établir ainsi ; alors l'estacade cédant à la rapidité de la marée, le choc
des brûlots serait ralenti par le courant, qui les
prenant en travers , les ferait dériver tout le long
de l'estacade et les éloignerait de la ligne des
vaisseaux qui seraient ainsi préservés de l'abordage et de l'incendie.

Il faut croire, que de pareilles dispositions ne purent être prises en rade de l'île d'Aix où se trouvait mouillée, dans les premiers mois de 1809, une escadre française de huit vaisseaux, sous les ordres du contre-amiral Allemand. Ce général ne pouvant se mesurer contre les forces considérables en vaisseaux, frégates et brûlots de toute espèce, au nombre de 120 voiles, que l'Angleterre avait rassemblés en rade de la Rochelle ou dans le Pertuis, sous les ordres de l'amiral Gambier, crut devoir barricader sa flotte, pour ainsi dire, dans la rade, au moyen d'une estacade dont une extrémité tenait tout près de l'île, et l'autre extrémité portait sur un banc de roches, où elle était fixée avec de fortes ancres ; elle fermait ainsi le passage de l'île d'Aix en travers à la marée. Se croyant à l'abri sous une telle égide, auprès de laquelle il envoyait des chaloupes armées bivouaquer toutes les nuits, le contre-amiral Allemand fit totalement dégréer ses vaisseaux et préparer des arcboutants pour repousser l'abordage des brûlots, si l'estacade venait à être brisée.

Dans la soirée du 12 avril, l'amiral Gambier, dont le plan était d'incendier l'escadre française au mouillage, profitant d'un coup de vent vio-

lent à la partie de N.-O., disposa tous ses brûlots, et à la faveur de la rapidité du flot, en
détacha plusieurs qui, venant à voiles forcées,
choquer et éclater avec un fracas épouvantable
sur divers-points de l'estacade, la brisèrent totalement et rendirent libre le passage. D'autres
brûlots tout enflammés, arrivant à la file, furent
dirigés vers nos vaisseaux embossés, s'y accro-
chèrent et les mirent dans un affreux désordre,
encore augmenté de leur explosion volcanique.
A ce désastre succédaient l'obscurité de la nuit,
la violence du vent, la furieuse agitation des
flots et le genre de destruction des brûlots contre lequel toute résistance était vaine.

L'amiral français, incertain de l'exécution
des ordres qu'il pouvait donner au milieu d'une
telle confusion, signala la liberté de manœuvre
à toute son escadre en présence de l'ennemi.
C'était le signal de *sauve qui peut*. Dès-lors,
chaque capitaine voyant que l'amiral semblait
avoir épuisé ses ressources et voulait éluder sa
responsabilité, au moment le plus critique, manœuvra pour tâcher de sauver son vaisseau en
évitant l'incendie. Ainsi les câbles furent coupés
et nos vaisseaux errants dans l'obscurité, sans
gréement et sans voiles, au gré du vent et du

courant, s'échouèrent sur les divers bancs de roches dont cette rade est obstruée, alors qu'ils voulaient entrer dans la Charente.

Cependant, le 13 au matin, trois vaisseaux anglais, deux frégates et quelques bricks et bombardes, ayant pénétré dans la rade de l'île d'Aix, canonnèrent les vaisseaux échoués sur les bancs les plus en dehors. Le capitaine Lafond, commandant le Calcuta, faible vaisseau de 50, pris dans un autre temps sur l'ennemi, se voyant assailli sans espoir de salut, crut sans doute remplir un devoir de sa position, en sauvant son équipage et en abandonnant son vaisseau ; mais traduit devant un conseil de guerre, il fut condamné à mort, conformément à la loi, pour l'avoir abandonné en présence de l'ennemi. Le Varsovie et l'Aquilon, furent également abandonnés par leurs capitaines qui, traduits devant un conseil de guerre, furent dégradés d'après le vœu du code pénal. Quoique ces défections n'aient eu lieu qu'après le naufrage des vaisseaux qui étaient échoués de manière à ne pouvoir être relevés, il est néanmoins à désirer que ces exemples, d'une justice trop sévère, puissent faire sur l'esprit des officiers français, la même impression qu'a fait la mort de l'amiral Bing sur l'âme de ses orgueilleux compatriotes. Ainsi les vaisseaux le Varsovie et l'Aquilon, échoués sur les bancs, furent abordés par des chaloupes anglaises qui y mirent le feu. Le vaisseau le Tonnerre, tombé sur le côté, fut abandonné et brûlé par l'équipage. Le Régulus, le Foudroyant et le Tourville vinrent s'échouer près de l'île Madame, et la frégate l'Indienne fut brûlée par ordre de son capitaine, s'étant totalement brisée sur les roches où elle était échouée.

Il est hors de doute que les dispositions prises par l'amiral Allemand ne fussent conformes aux ordres ou aux instructions qu'il recevait du gouvernement ; car autrement, dans une aussi grave circonstance, le conseil de guerre aurait eu le droit d'examiner s'il n'était pas plus sûr et plus simple d'employer le temps qu'on a mis à fabriquer l'estacade et à dégréer les vaisseaux, à mettre ces bâtiments au tirant d'eau convenable pour les faire entrer dans la rivière, plutôt que de les exposer à une catastrophe que la faiblesse et la seule ressource d'une mince estacade, ainsi que la force des moyens du côté de l'ennemi, devaient facilement faire pressentir. On dira peut-être qu'il est aisé d'apprécier une affaire après l'événement ; oui, sans doute ; mais un officier

un peu exercé doit bien connaître ses forces et
calculer les chances d'une opération dont il est
chargé , avant d'exposer les intérêts de son gouvernement aux risques d'une lutte évidemment
inégale ; il doit essayer de l'éviter en employant
des moyens plus sûrs et plus efficaces , pour
déjouer les projets de l'ennemi et rendre nulles
les forces trop supérieures qu'il met en usage.

Notices Biographiques.

DE LEISSÈGUES.

Le vice-amiral de Leissègues, né à Quimper, le 29 août 1758, servit comme volontaire sur les frégates l'OISEAU et la NYMPHE, pendant les années 1778 et 1780. Elles firent partie d'une division qui s'empara du Sénégal, de Gambie et de Sierra-Léone, et livra deux combats. En 1780, nommé lieutenant de frégate, il s'embarqua sur la MAGICIENNE, qui soutint un engagement contre une frégate anglaise. De 1781 à 1784, il fit partie de l'escadre aux ordres du bailly de Suffren, qui livra six combats à la flotte anglaise commandée par l'amiral Hugues. Il fut grièvement blessé à la tête dans l'un de ces combats. En 1787, il fit, sur la frégate la MÉDUSE, une campagne d'observation dans la mer des Indes. Nommé capitaine de vaisseau, en 1793, il monta la frégate la PIQUE et eut sous son commandement une division de trois frégates, d'un aviso et de sept flûtes. Chargé de transporter aux îles du Vent les commissaires envoyés par la convention nationale , ainsi que des troupes de débarquement, il atterra dans l'est de la Sirade. Comme il trouva la Guadeloupe au pouvoir de l'ennemi , il fit tenter un coup de main sur le fort de Fleur-d'Epée. A la tête de 400 marins et d'un bataillon de troupes de ligne , il s'empara de l'île après un siége de quatre mois. Cette belle conduite lui valut le grade de contre-amiral et le commandement des forces navales de la Guadeloupe depuis 1793 jusqu'en 1798. Pendant ce temps , il fit lever le siége et cesser le bombardement de cette île par les Anglais , sous le commandement de l'amiral Gervis (lord Saint-Vincent). En juillet 1800 , il fut nommé commandant des ports d'Anvers , de Flessingue et d'Ostende , et réunit sous ses ordres les forces navales française et batave dans l'île de Valcheren, en les disposant sur un pied de défense respectable. En 1802 , il commanda une division qui alla faire respecter le pavillon français à Alger. L'amiral de Leissègues obtint du dey toutes les satisfactions que son gouvernement exigeait : il fit délivrer sans rançon une quantité considérable d'esclaves et reçut de très-beaux présents du premier consul. Il obtint les mêmes avantages à Tunis. A la tête d'une nouvelle flotte , il fit rétablir plus tard les relations commerciales de la France dans les échelles du Levant. En 1804 , il fut chargé de réunir à Boulogne les bâtiments de la flottille pour la descente en Angleterre. En 1805 , Napoléon lui confia le commandement d'une escadre composée des vaisseaux l'Impérial, de 118 canons ; l'Alexandre , de 80 ; le Jupiter , le Brave et le Diomède, de 74 ; des frégates la Comète et la Félicité , et de la corvette la Diligente. Cette flotte avait reçu la mission de porter à St-Domingue des troupes , des armes et des munitions. Sortie de Brest le 13 décembre , elle navigua jusqu'à la hauteur des Açores. Là elle fut en butte à une tempête tellement violente , que les vaisseaux le Jupiter , le Brave et le Diomède furent totalement désemparés. Les autres bâtiments furent aussi endommagés, sans éprouver néanmoins des avaries majeures. L'escadre ainsi désemparée alla réparer ses avaries à Saint-Domingue. Il est fâcheux que l'amiral de Leissègues y ait mouillé dans une rade foraine , qu'il ait employé quatorze jours pour se mettre en mesure de reprendre la mer , lorsque avec plus d'activité il aurait pu obtenir un meilleur résultat , et surtout qu'il n'ait pas pris des dispositions pour se mettre en état de défense contre l'ennemi qui était dans le cas de l'attaquer. Le 6 février, une escadre anglaise, composée de sept vaisseaux, parut à la hauteur de St-Domingue; l'amiral de Leissègues donna l'ordre à sa flotte d'appareiller et de se disposer au combat. Alors s'engagea la bataille dont on lit la relation ci-dessus. Elle fut opiniâtre; le feu dura pendant long-temps. L'IMPÉRIAL, que l'amiral montait, n'étant plus en état de combattre, on le fit échouer sur la côte à dix lieues dans l'E. de Saint-Domingue. Le DIOMÈDE prit la même détermination. Tout l'équipage et les blessés furent débarqués. De Leissègues descendit à terre avec l'état-major, emportant avec lui l'aigle et le pavillon qu'il avait vaillamment défendu. Six mois après cette malheureuse affaire il retourna en France. En 1809 il fut chargé de la défense de Venise, sous le rapport de la marine, et ses services y furent très-utiles. En 1811, il fut chargé du commandement des forces navales françaises, italiennes et napolitaines dans les îles Ioniennes. Il conserva Corfou en bon état de défense et d'approvisionnements jusqu'en 1814. M. de Leissègues, nommé vice-amiral en 1816, fut mis à la retraite l'année suivante.

ALLEMAND.

Le général Allemand, né à Port-Louis, en 1762, entra au service à l'âge de 12 ans. Il était officier auxiliaire dans la campagne du bailly de Suffren, lors de la guerre maritime de 1778 à 1783. Il fut nommé sous-lieutenant en 1786, lieutenant en 1792 et capitaine de vaisseau en 1793. Commandant alors la frégate la CARMAGNOLE, il s'empara de la frégate anglaise la TAMISE, fit plusieurs prises sur l'ennemi et approvisionna les ports de la Manche. En 1794, il fut chargé du commandement du DUQUESNE, de 74. Nommé chef de division, il commanda une partie de l'escadre du contre-amiral Richery, qui fut envoyée pour détruire les établissements des Anglais sur la côte de Labrador. Cette flotte s'empara du convoi de Quebec. En 1801, le chef de division Allemand fut expédié par l'amiral Bruix contre Toussaint-Louverture. En 1803, il combattit à la Dominique. En 1805, commandant à Rochefort, il fit avec son escadre une campagne sur l'océan, prit le vaisseau anglais le CALCUTTA et détruisit ou captura environ cent bâtiments. En 1808, il commanda l'armée navale de Toulon. Nommé, en 1809, contre-amiral et commandant les escadres de Brest et de Rochefort réunies dans la rade de l'île d'Aix, il essuya le désastre dont nous venons de présenter la relation. Cette expédition incendiaire des Anglais était dirigée par lord Cochrane, sous les ordres de l'amiral Gambier. Le malheur qui en résulta pour la marine française nuisit à la réputation du général Allemand. En 1810, il fut nommé vice-amiral et commandant en chef de l'escadre de Toulon, jusqu'en 1811. A cette époque, il fut chargé de réunir l'escadre de Brest à celle de Lorient ; il fit ensuite une campagne sur l'océan, pendant laquelle il obtint des prises considérables, dont il coula et brûla les bâtiments ; poursuivi par les Anglais, il rentra au port. En 1813, le général Allemand fut nommé comte et grand-officier de la légion-d'honneur. Ayant adhéré à la déchéance de Napoléon, il reçut la croix de chevalier de Saint-Louis. En 1816, il fut mis à la retraite. On lui attribue une histoire de l'ordre de Saint-Sépulcre dont il était membre ; peu versé dans la littérature, il est permis de lui contester le titre d'auteur. Il est décédé à Toulon, en 1825, après avoir fait élever lui-même, dans son jardin de plaisance , un magnifique tombeau en marbre orné d'inscriptions glorieuses. Ce monument ne dépose pas en faveur de sa modestie ; il ne changera pas le sévère arrêt de l'histoire , qui n'accordera d'autre titre à ce général que celui d'un marin élevé par le hasard à une étonnante fortune.

GAMBIER.

L'amiral anglais Gambier fut chargé , lors de la guerre de Danemarck, en 1807, de seconder, avec l'escadre qu'il commandait , les opérations de lord Cathcart, chargé d'une expédition sur Copenhague. Le 17 août il investit cette place et l'attaqua avec ses troupes , qu'il avait fait débarquer la veille près du village de Disbuk. Ayant adressé une proclamation à ses habitants , il publia, le 21 du même mois , un ordre par lequel il défendait toute espèce de commerce entre les bâtiments de nation neutre et l'île de Zélande , jusqu'à la fin des hostilités. L'amiral Gambier bloqua aussi le port de Stralsund le même jour. La capitulation de Copenhague eut lieu en septembre 1807 , et livra aux An-

glais la citadelle , l'armée et la flotte danoises.
Cette reddition prématurée fit provoquer une
enquête sévère contre le général Pickmann ,
gouverneur de Copenhague ; mais il fut décidé
qu'il n'avait manqué que de présence d'esprit
et non de bravoure et de loyauté. En 1809, ce
fut l'amiral Gambier qui commanda l'expédition
dirigée contre l'escadre française mouillée à l'île
d'Aix , sous les ordres du général Allemand. Il
fut aidé dans cette entreprise par Alexandre
lord Cochrane, qui fut l'un des chefs et l'exé-
cuteur de l'épouvantable machine infernale em-
ployée par les Anglais pour la destruction de
notre flotte. Quinze cents barils de poudre , quatre cents bombes chargées de fusées à la congrève , et plus de trois mille grenades furent
destinés à cet horrible artifice. Cette explosion
devait être terrible , et cependant elle ne fit pas
tout l'effet qu'on en attendait. Lord Cochrane
voulait incendier d'un seul coup la flotte française , et son but ne fut qu'en partie atteint.
Alors l'amiral Gambier donna l'ordre d'attaquer.
Des fusées à la congrève furent lancées sur les
vaisseaux français , dont trois furent brûlés et
les autres échoués. Cette victoire fut célébrée à
Londres d'une manière éclatante. Lord Cochrane
et l'amiral Gambier y reçurent des honneurs et

des récompenses. Ce dernier fut ensuite chargé par son gouvernement de stipuler un traité de commerce entre les États-Unis et S. M. B. En 1810 il a été créé pair d'Angleterre.

COCHRANE.

Forster Cochrane, né en 1748, après avoir passé par les grades d'aspirant et de lieutenant, fut nommé capitaine de vaisseau en 1782. En 1800, il fit la campagne de l'amiral Keith, et resta sous ses ordres jusqu'en 1804. Nommé contre-amiral à cette époque, il monta, en 1806, le NORTHUMBERLAND, et se trouva au combat livré le 6 février de la même année, dans la baie de Santo-Domingo par les Anglais, contre la flotte française, sous les ordres du contre-amiral de Leissègues. C'est le même Cochrane qui soumit les îles danoises, prit et incendia Washington, et fit, en 1815, d'autres opérations de ce genre dans la Louisiane et la Nouvelle-Orléans. Il était contre-amiral du pavillon rouge et grand-croix de l'ordre du bain. Une des plus belles actions de sa vie est celle d'avoir, à ses frais, armé plusieurs bâtiments pour venir aider les Grecs à secouer le joug qui les opprime.

RAPPORT adressé par le vice-amiral ALLEMAND
au Ministre de la marine.

A bord de l'OCÉAN , en rade de l'île d'Aix ,
le 12 avril 1809.

MONSEIGNEUR ,

Par ma dernière du 9 , j'avais l'honneur de vous man-
der que les forces ennemies mouillées dans la rade des
Basques étaient de douze vaisseaux de ligne , six frégates, onze corvettes et trente-deux bâtiments de transport. Le 10 , il arriva encore seize bâtiments qui me parurent des transports ou brûlots. Je fis dégréer les mâts
de perroquet et caler ceux de hune. Le 11 , les vents
au N.-O. grand frais , les frégates ennemies s'approchèrent de l'île en dérivant. L'armée de Sa Majesté
était sur deux lignes de bataille endentées , très-serrées ,
gisant au N. un quart N.-O. et S. un quart S.-E. du
monde , afin de présenter moins de surface à l'envoi des
brûlots. Elle était flanquée d'une estacade à 400 toises
au large , qui avait 800 toises de long. Le bout nord
était à une encâblure et demie des rochers de l'île.

Au coucher du soleil , il ventait encore très-frais.
Je laissais chaque capitaine libre de sa manœuvre pour
la sûreté de son vaisseau. Je signalai l'ordre à la qua-
trième et cinquième division de la flottille , d'aller bivouaquer jusqu'à deux heures à l'estacade ; mais le vent
était si violent , que peu d'embarcation ont pu s'y rendre ; la majeure partie a relâché. J'envoyai un officier prévenir le général Perouard , commandant à l'île
d'Aix , que l'ennemi , par sa manœuvre , annonçait
vouloir profiter du gros vent et de la marée pour en-

treprendre un coup de main ; il me fit répondre qu'il l'attendait de pied ferme, et qu'il répondait de la terre.

A huit heures et demie, quatre bâtiments anglais étaient mouillés dans le courant et le lit du vent de la tête de la ligne ; l'Océan les relevait au N.-O. Ils avaient des signaux et paraissaient devoir se servir de jalons pour la direction de leurs brûlots.

Il ventait tellement qu'il était impossible de s'entraverser ; aussi je n'en donnai pas l'ordre.

Vers les neuf heures, une forte explosion eut lieu à l'estacade ; deux autres se succédèrent. Un brick enflammé s'arrêta sur une partie de l'estacade, et successivement il s'est présenté plusieurs bricks et trois mâts sous toutes voiles, ayant le feu dans le corps et le gréement : ils furent arrêtés quelque temps, la franchirent enfin, et arrivèrent successivement sur mes lignes.

Le premier rangea le vaisseau le Régulus, et l'accrocha à tribord, en même temps un second aussi enflammé tomba sur l'Océan.

J'avais donné l'ordre d'être prêt à filer les câbles et même à les couper au besoin, seul moyen d'éviter une destruction totale. Dès que ce brûlot fut presque en travers sur le beaupré, je fis filer du câble ; et comme il venait plus vite que l'Océan ne culait, bien que j'eusse fait mettre le perroquet de fougue sur le mât, je me décidais à faire couper celui du N.-O. pour venir à l'appel du S.-E. ; ce moyen me réussit.

Les brûlots se succédèrent, venant à pleines voiles vent arrière dans l'armée, en gouvernant sur l'Océan, qui était au centre de la ligne. Un d'eux l'accrocha par la bouteille de tribord, malgré tout ce qu'on put faire pour l'éviter.

C'en était fait du vaisseau de Sa Majesté ; les flammes sillonnaient à flocons le long de ses batteries. Heureusement que ce brûlot avait beaucoup d'aire ; il passa, mais ce fut pour crocher au bossoir des embarcations des grands porte-haubans. On parvint encore à le dégager ; alors son beaupré prit dans le bossoir devant ; il fallait couper ; la chaleur était si forte, qu'on ne pouvait approcher. Des braves se dévouèrent, sautèrent sur la civadière et dans la poulaine, et sauvèrent le vaisseau ; mais cinq d'entr'eux y ont perdu la vie.

A peine fûmes-nous délivrés d'un danger aussi imminent, trois fois réitéré, que d'autres bâtiments enflammés me tombèrent sur le corps : je parvins également à m'en dégager.

L'ennemi a dirigé sur l'armée trois machines infernales et trente-trois brûlots, tant bricks que trois mâts, frégates, vaisseaux de compagnie et deux de ligne. Tous ceux de Sa Majesté et les frégates ne se sont parés de cet incendie qu'en filant leurs câbles.

Le capitaine de frégate Lissilour, commandant le vaisseau l'OCÉAN, en l'absence du capitaine Rolland, et mes adjudants Perron et Gaspard, ont montré un sang froid unique ; les officiers et aspirants se sont bien comportés, l'équipage s'est maintenu en bon ordre ; M. Damas, sous-commissaire de l'armée, n'a pas quitté le pont. Il m'est agréable de pouvoir faire des éloges aussi bien mérités.

CHAPITRE VIII.

Relation du combat de Lissa , dans la mer adriatique.

Les annales de la marine ont quelquefois offert l'exemple de ces officiers qui obtiennent de brillants succès , en commandant un vaisseau dans un engagement particulier , mais qui sont moins heureux dans la direction des mouvements d'une division , d'une escadre livrant bataille à l'ennemi. Ce n'est jamais la bravoure, en France, qui fait manquer l'opération d'un combat. C'est quelquefois un excès de valeur mal appliquée ; c'est souvent une haine aveugle contre nos ennemis qui nous emporte sur eux avec trop de précipitation. Les honorables ressentiments qu'ils inspirent à nos braves marins ne doivent pas leur faire oublier qu'ils ont à combattre des marins tout aussi expérimentés que les Français et qui savent habilement réunir tous leurs moyens pour réussir dans les entreprises. La glorieuse , mais malheureuse affaire du brave chef de division Du—

bourdieu , nous offre un exemple à l'appui de ces vérités [1]. Cet officier général, renommé à juste titre comme l'un de nos bons marins et des plus braves par de beaux faits d'armes particuliers , fut envoyé à Venise pour y continuer son service, de là il se rendit à Ancône ; il y prit le commandement supérieur des forces navales de l'adriatique et sortit de ce port le 29 septembre 1810 , avec la division franco-italienne qui fut placée sous ses ordres. Il arbora son pavillon de général sur la FAVORITE. Outre cette frégate française , commandée par le capitaine Lamarre de la Meillerie cadet , la division était encore composée de la COURONNE , frégate italienne , sous les ordres du capitaine Pasquasigo ; de la

---

1. L'auteur de cette relation est dans l'erreur ; il n'apprécie la conduite du commandant Dubourdieu que par le résultat du combat de Lissa. Il oublie que cet intrépide marin ne voulut attaquer l'ennemi qu'à l'abordage et non en ligne de bataille ; chaque bâtiment français devait aborder un navire anglais de la même portée. Malheureusement ses ordres et son plan ne purent être exécutés avec assez de célérité. Cette combinaison fut d'ailleurs rompue par la mort prématurée du chef de division.

BELLONE, corvette italienne de 34 canons, montée par le capitaine Dicodo, et du brick italien le MERCURE, sous le commandement du capitaine Pallimelo. Après une heureuse navigation, cette flotte mouilla, le 1er décembre 1810, dans le port d'Ancône, où elle se renforça de la frégate française l'URANIE, sous les ordres du capitaine Margollet ; de la corvette italienne la CAROLINE, commandée par le capitaine Rodriguès, ainsi que des bricks italiens la PRINCESSE-AUGUSTE, capitaine Stalimini, et le FRIEDLAND, monté par le capitaine Muratowick. La division navale franco-italienne, ainsi réunie, repartit d'Ancône le 22 octobre suivant, se dirigea sur le port de Lissa, où elle fit une entrée triomphale, le 24 du même mois. Là, le chef de division Dubourdieu s'empara, avec autant de hardiesse que d'habileté, de tous les bâtiments ennemis qui étaient mouillés dans cette rade, se saisit de toutes les munitions de guerre et des approvisionnements qui s'y trouvaient, fit un nombre considérable de prisonniers, et après avoir très-rapidement assuré le succès de sa brillante mission, il enleva plusieurs corsaires, une infinité de bâtiments de commerce, incendia tout le matériel de l'ennemi qu'il ne put emporter , et fit voile avec sa division vers le port d'Ancône, qu'il atteignit le 28 octobre. Cette belle expédition, qui fut l'ouvrage de quelques jours , valut au chef de division Dubourdieu les éloges de la marine française et italienne , lui concilia l'estime et l'amitié du prince Eugène , vice-roi d'Italie , ainsi que les suffrages de Napoléon, qui fit insérer dans ses journaux officiels la relation de l'heureuse entreprise maritime sur l'île de Lissa. Au printemps de l'année suivante, le chef du gouvernement , bien aise de renouveller une semblable expédition sur cette île, fit mettre à bord des bâtiments de la division franco-italienne des troupes de débarquement , sous le commandement du général Gifflenga, aide-de-camp du vice-roi , et donna des ordres au commandant Dubourdieu de faire appareiller sa division : elle se composait alors des frégates françaises la FAVORITE , la FLORE , la DANAÉ ; de la frégate italienne la COURONNE ; des corvettes de la même nation la BELLONE , la CAROLINE ; du brick la PRINCESSE-AUGUSTE ; de la goëlette l'AURORE et d'une parancelle. Le 11 mars 1811 , elle mit à la voile du port d'Ancône, pour aller de nouveau prendre possession des îles de Lissa et y laisser les troupes de dé-

(195)

barquement à titre de garnison. Le 12 mars, à 6 heures du soir, elle découvrit l'île de Lissa à l'E. N. E., à vingt milles de distance, à la faveur d'une petite brise d'O. qui régnait alors. A 11 heures, les bâtiments mirent en travers. Le 13, à 6 heures et quart du matin, l'escadre étant sur la pointe O. de Lissa, à un mille de distance, eut connaissance de l'apparition d'une division anglaise sous le commandement du commodore Obst, l'un des élèves de l'amiral Nelson : elle était composée des frégates l'AMPHION, ancien vaisseau rasé monté par ce général ; l'ACTIVE, sous le commandement du capitaine Gordon ; le CERBERUS, sous les ordres de M. Orbi, et le VOLAGE, ayant pour capitaine M. Onisbi. L'ennemi portait au N. ses amures à bâbord. Le chef de division Dubourdieu, combattant à la manière de Jean-Bart, et cédant à l'impulsion de son bouillant courage à l'aspect de l'ennemi, fit de suite signal à sa division de forcer de voiles et de le suivre pour combattre les Anglais à l'abordage. Celui-ci, qui l'attendait de pied ferme, se disposait en ordre de bataille et tenait toujours ses amures à bâbord. Dans ce moment, la flotte franco-italienne avait toutes voiles dehors, les bonnettes à tribord ; elle forma pareillement sa ligne de bataille dans l'ordre suivant : la FA-VORITE, la FLORE, la DANAÉ, la COURONNE ; les corvettes, le brick et la goëlette étaient les seuls qui naviguassent sans ordre sur l'arrière de la ligne. La frégate la FAVORITE, que montait Dubourdieu, arrivant la première à une portée de canon des bâtiments ennemis, engagea seule le combat ; les autres bâtiments qui se portaient alors en pointe sur la flotte anglaise ne purent parvenir à tirer leur bordée que lorsqu'elles furent à bout portant ; tous étaient dans cet instant près la côte de Lissa. La FAVORITE se trouvait à deux encâblures en avant de la FLORE ; celle-ci était à une égale distance de la DANAÉ ; la COURONNE naviguait beaupré sur poupe de la DANAÉ. La FAVORITE, déjà aux prises avec l'ennemi, manœuvrait hardiment pour aborder la frégate l'AMPHION ; elle avait commencé le feu avec la plus grande vivacité à huit heures ; un quart d'heure après, le combat devint général. Mal-heureusement, dès les premiers coups de canon, l'intrépide Dubourdieu fut tué par un boulet qui partagea son corps, et à l'instant qu'il disait à son équipage que *ce jour était le plus beau de sa vie, et que les frégates anglaises n'échap-peraient pas à sa division.* Sitôt après, le vent

qui était très-frais , mollit et tomba presque entièrement ; alors les bâtiments anglais virèrent
de bord tous à la fois. La FAVORITE , criblée
de projectiles et de mitrailles , désemparée et
dégréée , ne pouvant faire son évolution , ayant
perdu son général, M. Lameillerie, son capitaine,
M. Pigeon , son lieutenant , l'enseigne de vaisseau Camus , ainsi qu'une grande partie de son
équipage , se trouva ainsi exposée à l'explosion
du feu de quatre frégates ennemies , et s'en alla
en dérive échouer sur les récifs de la côte N. de
l'île de Lissa. Le général Gifflenga en prit le
commandement , et M. de Villeneuve-Barge-
mont , enseigne de vaisseau (actuellement officier supérieur de la marine) , quoique grième-
ment blessé , se chargea de la direction des manœuvres. Dans ce moment, la FLORE était fortement engagée entre l'ACTIVE et l'AMPHION. Son
capitaine , le brave Péridier , avait été atteint
d'une blessure grave qui lui avait fait perdre l'u-
sage de ses sens , son lieutenant ayant été tué ,
l'enseigne de vaisseau Bottemon prit le commandement et amena bientôt le pavillon ; elle avait
été également désemparée , avant que la DANAÉ
et la COURONNE , qui la suivaient à une grande
distance , fussent à portée de la secourir et de

prendre part au combat. Le choc que soutint la FLORE contre les frégates anglaises l'ACTIVE et l'AMPHION fut aussi honorable que terrible. Celle-ci avait été aussi ravagée par le canon français, elle était fortement désemparée ; le capitaine qui la montait et tous ses officiers étaient tués ou mis hors de combat ; un maître pilote en avait pris le commandement. Peu de temps après que la FLORE fut tombée au pouvoir de l'ennemi, elle fut secourue par la corvette la BELLONE, qui combattit pour la dégager. Bientôt les Anglais, obligés de soutenir ailleurs le feu contre d'autres bâtiments français, s'éloignèrent de la FLORE qu'ils n'avaient pu entièrement amariner et continuèrent leur route à l'E ; le vaillant équipage de cette frégate française la voyant hors de la portée du canon anglais, ranima son courage, se révolta contre ses vainqueurs mis à bord, et ne tarda pas d'arborer de nouveau le pavillon français. Sur ces entrefaites, la BELLONE défendait non moins valeureusement l'honneur national, en luttant contre presque toutes les forces de l'ennemi. Privée de son capitaine qui y trouva une mort glorieuse et d'une très-grande partie de son équipage, elle fut forcée d'amener son pavillon. D'un autre côté, la DANAÉ et la COU-

RONNE combattirent avec intrépidité à une petite portée de pistolet contre le VOLAGE et le CERBERUS. Ces deux frégates anglaises ayant éprouvé de très-grands dommages et perdu une très-grande partie de leur équipage, se trouvèrent totalement désemparées ; elles firent vent arrière et furent forcées d'abandonner le champ de bataille. La frégate française la DANAÉ, parvenant à faire de la voile, se sépara de la COURONNE : celle-ci, quelques minutes après, fut abordée par la frégate ennemie l'ACTIVE qui était sur le point de succomber dans cette lutte ; mais elle fut secourue pas le CERBERUS, qui venait de réparer une partie de ses avaries. Dès-lors la COURONNE eut à soutenir le choc accablant de ces deux frégates ennemies, pendant lequel son capitaine fut blessé, et le commandement en fut momentanément confié à M. Aycard, lieutenant de vaisseau français. Après trois heures du combat le plus opiniâtre, elle fut forcée d'amener son pavillon ; elle avait alors perdu 110 hommes de son équipage, dont les cadavres encombraient le pont ; 14 de ses canons démontés de leurs affûts, mis en pièces par des coups de boulets, étaient renversés sur les batteries. Dans cette affreuse situation, une plus longue et plus courageuse résistance était devenue inu-

tile. Ce fut donc la dernière scène de ce désastreux combat de Lissa , pendant lequel les deux
ennemis démontrèrent, par leur bravoure et leur
héroïque intrépidité , qu'ils étaient également
dignes l'un de l'autre.

La malheureuse issue de cette bataille , d'ailleurs honorable pour la valeur française , aurait
sans doute eu une meilleure destinée , si le brave
commandant Dubourdieu n'eut point perdu la
vie dès le principe de l'engagement , et si les
bâtiments de sa division eussent tous pris une
égale et glorieuse part à ce combat : la mort prématurée du chef renversa le plan d'attaque qu'il
avait arrêté pour l'abordage. Le capitaine Peri-
dier , qui devait le remplacer , se conduisit vaillamment , mais il ne put prendre le commandement supérieur de la division , par suite de
la blessure grave qu'il avait reçue au commencement de l'action , et qui lui avait fait perdre
l'usage de ses sens. Dès-lors le plus grand désordre régna dans les mouvements de l'escadre
franco-italienne ; les bâtiments qui la composaient furent forcés de soutenir des engagements
particuliers, dans lesquels les frégates anglaises,
quoique venant toujours au secours l'une de
l'autre , n'obtinrent pourtant que des succès
chèrement achetés. Le courageux dévouement de

nos marins produisit au moins l'honorable résultat d'une nouvelle et glorieuse lutte contre
les Anglais. Ceux-ci n'eurent pas à se féliciter
du succès de cette sanglante affaire ; ils perdirent plus de la moitié de leur équipage. Une
de leurs frégates mise hors de service , par l'effet du canon français, ne put être ramenée
dans les ports soumis à la domination britannique : ils y mirent le feu. Le vaisseau rasé con-
verti en frégate , démâté de tous ses mâts et
percé par les boulets , ne put naviguer et s'é-
choua sur les rochers de l'île de Lissa. La perte
de la France ne fut pas plus considérable ; deux
de ses frégates furent seulement sacrifiées , et si
elle eut à déplorer la mort de l'intrépide Dubourdieu, de plusieurs officiers et marins de
sa division , la gloire de cette valeureuse journée ne lui fut pas du moins enlevée par son
ennemi. Le commodore anglais fit rendre de
grands honneurs funèbres aux dépouilles mortelles et mutilées du chef de notre division , en
témoignage de son admiration pour sa haute
bravoure. Si l'excès de cette noble valeur peut
être dans son application l'objet de la cen-
sure historique, c'est du moins le plus glorieux
reproche qu'on puisse adresser à des officiers
français.

Le résultat de cette affaire fut que la frégate la FAVORITE, totalement désemparée, et très-près de la côte, fut s'échouer, et l'équipage y mit le feu en se sauvant à terre : ce fut le général Gifflenga qui en donna l'ordre, après avoir fait opérer le débarquement des troupes. La COURONNE et la BELLONE furent prises et amarinées, après avoir combattu tout le jour avec une opiniâtreté vigoureuse contre les forces réunies de l'ennemi. La DANAÉ, la FLORE et la CAROLINE se réfugièrent à Liezina pendant la nuit ; le reste de la division anglaise, composée des frégates l'ACTIVE, le CERBERUS et la VOLAGE, fut mouiller à Lissa, avec une des deux prises qu'elle emmena.

Tous ces pénibles événements de mer doivent convaincre nos officiers de la marine de l'indispensable nécessité de se bien pénétrer de la position d'attaque et de défense qui convient à une escadre et à leurs bâtiments, ainsi que des différentes tactiques que d'anciens officiers très-instruits nous ont transmises. Un beau modèle s'offre pour eux dans l'excellent ouvrage de M. le vicomte de Grenier, relativement à son nouvel ordre de bataille sur une losange ; ils doivent également méditer avec attention sur les principes généraux qui nous viennent de nos rivaux, sur les combats entre deux armées navales. La pratique de ces principes leur sera éminemment favorable, et si nos officiers les adoptent, la marine royale de France pourra être alors dirigée et traitée à l'instar de celle du roi d'Angleterre. Comme elle, nos amiraux, nos officiers auront aussi leurs jours de gloire et de succès, et notre nation reprendra le sceptre de la mer, que d'anciens exploits maritimes avaient jadis remis en ses illustres mains.

Déjà le rétablissement de l'amirauté, la remise des directions générales du département de la marine à des officiers généraux et supérieurs, la formation des équipages de ligne, la mise en commission de plusieurs bâtiments dans les ports, le rétablissement des préfectures maritimes, la dignité de maréchal de France, et d'autres dispositions prises pour le service de la marine, sont d'importantes améliorations pour faire replacer la France au premier rang des puissances navales. Espérons donc qu'un système maritime bien entendu, soutenu par l'entretien d'une armée navale régulière et disciplinée, rétablira un jour la France dans toute l'étendue et l'éclat de ses droits maritimes.

Notice Biographique

Sur le Chef de Division

DUBOURDIEU.

Bernard Dubourdieu naquit à Bayonne , le 29 avril 1773. Ses parents le destinaient à l'état ecclésiastique ; mais doué d'un caractère courageux et entreprenant , il adopta la carrière des armes et de la marine, pour laquelle il était heureusement né : il l'embrassa fort jeune avec passion , et il ne tarda pas de donner des preuves d'une habileté et d'une intrépidité remarquables. Il naviguait sur un corsaire français , en 1793 , lorsqu'il fût fait prisonnier et conduit à Gibraltar. Incarcéré sur un ponton , il rompt bientôt ses fers , se sauve à la nage , s'empare de la chaloupe d'un navire anglais , court délivrer vingt matelots et soldats français , ses compagnons de captivité , et , placé à leur tête , il enlève à l'abordage un transport de guerre anglais ; il s'échappe ainsi au milieu de deux frégates portugaises et d'un vaisseau anglais , et parvient à conduire heureusement sa prise au port de Lorient. Cette action d'éclat lui valut le grade d'enseigne de vaisseau. En cette qualité, il se distingua , en 1797 , dans un combat livré entre la corvette la GAITÉ qu'il commandait , et la frégate l'ARÉTUSE. En 1798 , il fit la campagne d'Egypte sur la frégate la RÉGÉ-NÉRÉE. Ses connaissances maritimes détermi-nèrent le général en chef à lui confier la délicate mission de vérifier les sondes des passes du port d'Alexandrie et d'y introduire les vaisseaux de guerre. Les succès qu'il obtint dans ce service lui firent accorder le grade de lieutenant de vais-seau en 1801. Lors du siége du port d'Alexan-drie par les Anglais , le général en chef l'en-voya en France pour y remettre des dépêches importantes au gouvernement. En 1803 , il se fit remarquer dans trois engagements sur mer , dont l'un à l'abordage. En septembre 1804 , étant capitaine de port à Saint-Pierre de la Mar-tinique , il chavira trois fois dans le ras de ma-rée , sur des embarcations , alors qu'il portait des secours aux bâtiments naufragés, et se jetant à la nage , il parvint à sauver tous les individus. Commandant peu de temps après l'aviso le Cou-

REUR , il soutint un combat en rade de Saint-
Pierre de la Martinique , contre trois embarcations de vaisseaux anglais , et quoique inférieur
en forces et en hommes , il repoussa l'ennemi
en lui causant de grandes pertes et en lui coulant bas deux chaloupes. Dubourdieu fut blessé
à ce combat ainsi que quatre hommes de son
équipage ; un seul Français périt , tandis que les
Anglais perdirent deux officiers commandants ,
eurent trente-cinq hommes de tués , onze blessés et deux prisonniers. Nommé capitaine de
frégate en 1806, et capitaine de vaisseau en 1808,
on lui confia le commandement de la frégate la
PÉNÉLOPE , faisant partie de l'escadre stationnée au port de Toulon , sous les ordres de l'a-
miral Gantheaume. Là , en février 1809 , il
chassa et attaqua la frégate anglaise la PROSER-
PINE , qui croisait depuis deux mois devant
cette rade , et lui fit amener son pavillon après
une heure de combat. les Anglais eurent dans
cette affaire onze hommes tués et quinze blessés , tandis que la France fut assez heureuse pour
n'avoir pas un seul blessé. Cette action d'éclat ,
qui était alors rare dans la marine française ,
jointe aux autres faits d'armes , plaça Dubourdieu au premier rang de nos meilleurs marins ;

le grade d'officier de la légion-d'honneur lui
fut accordé à titre de récompense ; le gouvernement ne tarda pas de lui donner des marques
de la haute confiance qu'il avait dans sa bravoure et ses talents. En 1810 , Napoléon et le
prince Eugène , son vice-roi d'Italie , conçurent
le projet d'organiser une marine imposante dans
la mer adriatique. Ce fut Dubourdieu qu'ils ap-
pellèrent au commandement supérieur des forces
navales franco-italiennes. En lui annonçant cette
faveur dans une dépêche autographe , en date
du 11 octobre 1810 , le ministre Decrès lui
écrivait : « Vous voilà en chef sur un beau théâtre ;
« tâchez d'y mériter le brevet de contre-amiral. »
Dubourdieu se rendit bientôt en Italie. Placé
sous les ordres immédiats du prince Eugène , il
fut bientôt en possession de son estime et de sa
confiance. Ce grand capitaine l'honora d'une
correspondance intime et autographe , dans laquelle il lui retraçait d'habiles instructions pour
les expéditions maritimes dont il chargeait le
commandant Dubourdieu. Dans une lettre sous
la date du 21 octobre 1810 , il lui écrivait : « Je
« ne vous souhaite ni bonheur ni courage ,
« puisque vous les avez déjà. » C'est sous des
auspices aussi encourageants , que le 23 octobre

1810 la première expédition de Lissa fut exécutée par le chef de division Dubourdieu , à la
tête de 5 frégates et de 4 bricks, avec un corps
d'armée de débarquement. La prise de cette île ,
l'expulsion de l'ennemi et de ses navires en déroute , la destruction d'un très-grand nombre
de bâtiments anglais , la capture d'un immense
matériel d'armes , de munitions et de quelques
mille prisonniers , furent le résultat de cette
belle journée. Napoléon et le vice-roi en témoignèrent la plus plus vive satisfaction à leur auteur, en publiant la relation de cette affaire dans
les journaux officiels. Dubourdieu fut décoré de
l'ordre de la couronne de fer, et des récompenses plus éclatantes lui étaient encore réservées ,
en courant à de nouveaux triomphes. On lui
annonca le brevet de contre-amiral , en même-
temps que l'ordre d'aller combattre une flotte
anglaise qui croisait dans la mer adriatique. De
là eut lieu le combat de Lissa , le 13 mars 1811 ,
dans lequel Dubourdieu rencontra une mort
glorieuse. Son plan de bataille était d'enlever
l'escadre anglaise à l'abordage. L'expérience des
combats sur mer précédemment livrés , l'avait
convaincu que ce moyen d'attaque était le
meilleur à employer contre les Anglais ; il en

fit le signal à sa division ; il lui en donna le plus
héroïque exemple. Ses ordres ne furent pas , à
cause du vent ou d'autres circonstances, exécutés
avec assez de célérité ; il en résulta un nouveau
désastre pour la marine française, qui succomba
du moins en fesant des prodiges de valeur et de
bravoure. La mort prématurée du général , qui
fut emporté par un boulet au commencement de
l'action , influa sans doute sur le fatal résultat de
ce déplorable événement. Dubourdieu fut honoré des regrets de la marine française et italienne , qui perdit en lui un des officiers généraux les plus capables de la faire prospérer.

CHAPITRE IX.

Situation de l'escadre en rade de Toulon, depuis 1808 jusqu'en 1814. — Combat du Romulus. — Désastre maritime de Frontignan.

L'histoire de la dernière guerre maritime de la France contre la puissance britannique, a quelquefois offert l'étrange spectacle de plusieurs désastres éprouvés par notre armée navale, dont le résultat fut la destruction d'une partie de nos vaisseaux, sans qu'ils fussent en butte ni aux horreurs d'un naufrage, ni aux catastrophes d'un combat. Tel a été, entr'autres, le déplorable événement qui, en novembre 1809, amena la perte des vaisseaux de ligne le Ro-BUSTE et le LION, sur le banc de Frontignan. Il ne paraît pas être sans utilité d'en retracer la relation pour l'instruction des jeunes officiers de la marine.

La belle rade du port de Toulon a vu mouiller dans ses eaux, depuis 1808 jusqu'en 1814, une imposante escadre, successivement confiée aux commandements supérieurs des vice-amiraux Gantheaume, Allemand et Emériau. Le premier, distrait sans doute par ses fonctions de conseiller-d'état et d'inspecteur-général de la marine, ou par d'autres devoirs que la haute faveur dont il jouissait l'appelait à remplir auprès de Napoléon, ne prit aucune mesure efficace pour organiser convenablement cette armée navale ; c'est cependant sous les ordres de cet amiral qu'eût lieu, en 1809, l'heureuse expédition de Corfou, pour ravitailler cette île alors sous le blocus des Anglais.

Le second, quoique enflé de son pouvoir, d'un caractère insociable, peu accessible à ses officiers et à ses marins, tira pourtant cette armée navale de l'état de nullité où elle se trouvait précédemment ; mais plus manœuvrier pour la conduite d'un bâtiment qu'habile tacticien pour la direction et les évolutions d'une flotte, ce général ne mit guère en usage qu'un déploiement de manœuvres insolites, originales, et ses innovations furent la cause d'une infinité d'abordages.

Ce ne fut que sous le commandement du troisième, qui s'était déjà distingué comme habile administrateur dans ses fonctions de préfét maritime , que l'escadre de Toulon reçut une excellente organisation et se rendit recommandable par une bonne discipline et la convenance de ses manœuvres et de ses exercices [1].

. Pendant cette dernière période eut lieu, à une heure du soir , le combat du vaisseau le RoMULUS , livré devant la grande rade du port de Toulon , non loin du fort Lamalgue, des autres batteries de la côte , et en présence de la population de la ville , accourue pour assister à ce spectacle aussi nouveau qu'imposant.

Le 12 février 1814 , une division composée de deux vaisseaux et deux frégates , dont l'équipage avait été considérablement affaibli par le débarquement successif de l'artillerie de marine et des canonniers des classes , appareilla de Toulon , sous le commandement du contre-amiral Cosmao , à bon droit surnommé , par les matelots français , *va de bon cœur* , pour débloquer le port de Gênes et ramener en France le vaisseau le SCIPION.

Trompant la vigilance de l'armée anglaise en croisière sur les côtes de Provence , cette division s'était élevée à huit ou dix lieues dans l'E.

----

1. Voir la biographie de l'amiral Émériau , pag. 41.

des îles d'Hyères , lorsque (le 13 février à la pointe du jour) quinze voiles de guerre furent aperçues par la frégate la MÉDÉE , qui les si-gnala à une petite distance dans le S.-O. courant sur la terre.

La division française virant de bord , rentra dans les îles et se prépara à y mouiller, dans le cas où les vents , jusqu'alors faibles et variables , contrarieraient son retour à Toulon. Cependant la brise s'étant déclarée au N.-E. avec un peu plus de fraîcheur, signal fut fait de forcer de voiles ; l'ennemi qui avait eu connaissance de nos vaisseaux , peut-être avant d'en avoir été découvert , avait détaché six de ses plus fins voiliers , qui , trouvant au large des chances de vent plus favorables , approchèrent la division avec une effrayante rapidité , tandis que son corps d'armée courait en ordre pour intercepter notre passage et rendre impossible notre rentrée à Toulon. Ni ses projets ni sa manœuvre ne pouvaient échapper au général Cosmao , bien que jusqu'alors ils eussent été couverts par les îles , pour lui comme pour tous les capitaines sous ses ordres. Il était évident que la division rencontrerait les six vaisseaux de l'avant-garde anglaise en débouquant , néanmoins toute espérance d'éviter un combat aussi inégal n'était pas encore évanouie ; nous cheminions avec toutes les voiles possibles , et le coup-d'œil le plus exercé n'aurait pu décider si la division atteindrait le mouillage avant d'être attaquée , si quelques volées seulement seraient échangées , ou si un engagement plus sérieux s'ensuivrait.

L'amiral Emériau , dont l'armée était sur rade de Toulon , les huniers hauts prêts à mettre sous voiles , ne fit ; il est vrai , aucun mouvement ; il nous serait facile sans doute de faire connaître quels étaient alors les résultats probables d'une manœuvre contraire et de défendre l'honorable amiral contre l'injuste reproche qui lui a été fait par quelques personnes mal informées , de n'avoir recherché ni à dégager la division Cosmao , ni à partager ses périls.

Bientôt les événements qu'il avait été si aisé de prévoir se réalisèrent ; la division débouquait à peine des îles d'Hyères , lorsque trois vaisseaux , dont deux à trois ponts de l'avant-garde ennemie , lui présentèrent le combat bord à bord, soutenus par le reste de l'avant-garde , et au besoin par tout leur corps d'armée , alors peu éloigné du champ de bataille.

Le vaisseau le SCEPTRE , les frégates l'A-

(215)

DRIENNE et la MÉDÉE , reçurent et ripostèrent
au premier feu avec autant d'habileté que de bravoure ; le sang de nos valeureux marins ruissela,
des avaries furent reçues de part et d'autre ; mais
ces navires, bons voiliers, déjà engolfés dans
la baie de Toulon, furent bientôt abandonnés
par l'ennemi , qui concentra toutes ses forces
sur le ROMULUS.

Entouré spontanément par trois vaisseaux ,
dont deux de 120 canons , qui le combattaient
vergue à vergue , le ROMULUS opposait une
résistance héroïque , quand le général Cosmao ,
toujours égal à lui-même , manœuvra pour rentrer dans le feu et partager la gloire du capitaine
Rolland. Au même instant, ordre lui fut intimé
par l'amiral Emériau de laisser arriver pour rallier son armée au mouillage , et le ROMULUS ,
livré à ses propres moyens , n'espéra plus que
dans l'intrépidité des braves qui le défendaient.
Foudroyé par 300 bouches à feu , criblé par un
déluge de mitraille et dominé par la mousqueterie des trois ponts , sa hanche et sa joue de
bâbord ne présentèrent bientôt plus qu'une immense brèche ; l'artillerie des gaillards et de la
seconde batterie démontée , ne riposta plus que
faiblement , et le navire presque entièrement

dégréé , longea la côte vent arrière si près de terre , que les rochers mis en éclats par les boulets ennemis , atteignirent plus d'une fois ses murailles.

Le capitaine Rolland, dangereusement blessé , venait d'abandonner le commandement du navire , quand la batterie de dix-huit cessa le feu ; celle de trente-six renforcée de tout ce que la mort n'avait pas encore moissonné, rendait seule coup pour coup à l'ennemi , qui , surpris d'une aussi noble résistance , craignant d'ailleurs de trop s'engolfer dans la baie , pour qu'il lui fut ensuite possible de doubler le cap Sepet sans louvoyer , prit le large et livra le ROMULUS à l'admiration des nombreux témoins de sa gloire.

Dans cette mémorable affaire , l'une des plus brillantes de la marine française , trois officiers et une grande partie de l'équipage trouvèrent une mort glorieuse ; le capitaine , deux enseignes et une immense quantité de matelots reçurent des blessures graves , et 32 hommes furent entièrement mutilés.

L'empereur , informé de la belle conduite de son vaisseau le ROMULUS, daigna manifester son contentement par des récompenses militaires dignes de sa munificence. Le capitaine Rolland fait commandant de la légion-d'honneur, fut promu au grade de contre-amiral ; plusieurs officiers reçurent de l'avancement, et vingt-cinq décorations furent accordées à l'équipage, tandis que des grâces proportionnées manifestèrent la satisfaction impériale envers les autres bâtiments de la division Cosmao [1].

---

1. On ne lira pas sans intérêt l'état nominatif de MM. les officiers et aspirants présents à bord du Romulus pendant le combat.

ROLLAND................. cap. de vais. commandant.

BIOT.................... capitaine de frégate.

POSSEL ....⎫
GENEBRIAS.............. ⎪
D'ARGIOT DE LA FERRIÈRE *..⎬ lieutenants de vaisseau.
BESSE................. ⎪
GUERIN................ ⎪
DE BELLEGARDE.......... ⎭

* Jean-Hector-Alexandre d'Argiot de la Ferrière (le vicomte), capitaine des vaisseaux du Roi, chevalier de Malte et des ordres royaux, fut destiné de bonne heure au métier des armes où l'appelaient également sa naissance,

C'est sous le généralat de l'amiral Gantheaume, qu'eût lieu l'expédition qui amena le pénible

---

Infernet...............	
De Launay-Onfrai.......	
Thibault	enseignes de vaisseau.
Tissot.................	
Martin................	
Cosmao................	chirurgien-major.
Blanc.................	agent comptable.

sa vocation et les vœux de sa famille, fort anciennement
militaire. Entré dans la marine dès l'âge de 17 ans,
en qualité d'aspirant, il fit une partie de la guerre
contre Saint-Domingue, assista aux différents combats
de l'armée franco-espagnole, reçut une blessure grave
dans l'un des quatre combats de l'Observateur, se trouva
au naufrage et à l'incendie du Robuste, commanda la
marine à Villefranche, en qualité de chef militaire,
louvoya avec bonheur dans le golfe de Lyon pendant
la guerre d'Espagne, se fit remarquer dans le glorieux
combat du Romulus contre trois vaisseaux de l'armée
anglaise, et joua un rôle actif dans les événements
de 1815, d'abord comme aide-de-camp de M. le Dauphin, ensuite en qualité de commissaire du Roi. Rentré

événement du banc de Frontignan. Le 21 novembre 1809 , une division placée sous les or-

DE SANDFORT............
LONG...................
DE LAVILLACE.......... } aspirants de 1ʳᵉ classe,
DAUMAS ....

ROUX ....
BRUE..................
GUITON................
ROLLAND............... } aspirants de 2ᵉ classe,
BLARD.................
CHIEUSSE..............

dans la marine à la seconde restauration , M. de la
Ferrière s'y est fait estimer surtout par l'indulgence
de ses principes , la noblesse de ses sentiments et l'em-
pressement avec lequel il a saisi toutes les occasions
de servir ceux même de ses camarades qu'il aurait pu
rencontrer dans des rangs opposés. Cet officier supérieur a successivement commandé en Europe ou dans
les colonies , six bâtiments de guerre plus ou moins
importants. Il continue aujourd'hui ses services au port
de Toulon.

dres du contre-amiral Baudin , et composée des
vaisseaux le ROBUSTE de 80 , qu'il montait,
le LION de 74 , et le BORÉE de 80 , ainsi que
de deux frégates , reçut la mission de conduire
au port de Barcelonne un convoi de 20 bâtiments , chargés de vivres et de munitions de
guerre pour le service de l'armée française
alors en Espagne. Après être sortie de la rade
de Toulon , cette division se trouvait à environ
dix lieues du cap Creux , lorsqu'elle rencontra
une escadre anglaise formée de plus de vingt
vaisseaux. La chasse fut bientôt donnée à nos
bâtiments , qui furent forcés d'abandonner les
voiles du convoi. Après trente heures de poursuites , la flotte française vint heureusement
mouiller à Aigues-Mortes le 24 novembre , à 7
heures du soir , en se dérobant aux investigations de l'ennemi. Le lendemain , au point du
jour , le temps étant brumeux , un petit vent
régnant au S.-E. , et le contre-amiral Baudin
n'apercevant plus l'ennemi , fit appareiller sa
division pour se rendre sur les parages du port
de Cette ; mais le temps s'étant tout-à-coup
éclairci , les bâtiments français découvrirent 15
vaisseaux anglais qui se trouvaient à environ
deux lieues et demie dans le S. Aussitôt ce général

donna l'ordre à sa division de diminuer de voiles , et après qu'elle fût restée environ vingt
minutes dans cette position , l'ordre de forcer
de voiles fut enfin signalé. Le contre-amiral
Baudin voyant que l'ennemi l'avait gagné de
vîtesse et qu'il cherchait à lui barrer le passage ,
ordonna à ses bâtiments de serrer fortement
la terre. Ces manœuvres , auxquelles on obéit ,
n'eurent d'autre résultat que d'occasionner l'é-
chouement des vaisseaux le ROBUSTE et le LION.
Le capitaine Senèz , qui commandait le BORÉE ,
tout en se conformant aux ordres de son chef ,
reconnut , en habile marin , qu'il ne fallait pas
autant serrer la terre , et qu'il existait d'autres
moyens pour sauver son vaisseau ; il se tint plus
au large , et quoique le gouvernail de son bâtiment eut un peu raclé , il fit de suite lancer
sur bâbord , fit aussi promptement passer tout
son équipage sur le gaillard d'avant et sur le
beaupré , et à la faveur de ce coup de main
il empêcha l'échouement de son vaisseau , qui
fut ainsi mis à l'abri de ce danger imminent.
Aussitôt le BORÉE continuant sa route avec
autant de rapidité que d'audace , au milieu de
l'escadre anglaise , combattit en se sauvant contre plusieurs vaisseaux anglais , jusqu'à l'entrée.

du port de Cette [1]. Là, le capitaine Senèz, convaincu qu'il allait succomber sous les efforts trop puissants et irrésistibles de l'ennemi, eut l'heureuse idée de faire franchir à son vaisseau l'étroite et difficile passe de l'entrée du port de Cette, dans laquelle jamais aucun bâtiment de sa portée n'était entré. Cette tentative, aussi hardie que bien exécutée, procura le salut du Borée. Il fut convenablement aidé dans cette opération par l'officier de marine Valat, commandant un aviso de l'état alors mouillé à

---

[1]. Au moment où le Borée, chassé par l'ennemi, était vent arrière toutes voiles dehors, un marin de l'équipage, père de famille, tombe à la mer. Malgré la position critique de ce vaisseau, le capitaine Senèz ordonne qu'on sauve cet infortuné ; il fait diminuer de voiles et manœuvrer avec une telle célérité, que cet homme est sauvé, sans accident, sous les yeux de l'ennemi stupéfait de ce trait d'audace. Ce fait honore à la fois le commandant et son équipage. On est heureux de rencontrer de pareils actes de patriotisme et d'humanité, au sein de la double horreur de la navigation et de la guerre.

Cette, qui pilota heureusement le vaisseau dans le fond de ce port. Cependant le BORÉE ne s'y trouvait pas dans un abri parfait, puisqu'il était encore exposé aux coups de l'ennemi, alors que sa seconde batterie et ses gaillards étaient plus hauts que la chaussée qui séparait le bassin de la ville de Cette de la grande mer, et qu'il n'existait entre l'un et l'autre qu'une distance d'une portée de coup de fusil. Dans cette position, le commandant Senèz se hâta de faire établir de suite des batteries avec l'artillerie du vaisseau sur les divers points de la côte, dont il confia le commandement aux canonniers et aux marins de son équipage. Il fit également dégréer le bâtiment, pour le préserver, ainsi que les autres navires qui étaient dans le port, de la destruction par l'effet des fusées incendiaires, dont les Anglais étaient alors en possession de se servir contre les forces navales de la France. Mais ceux-ci, convaincus que toute entreprise de cette nature échouerait contre les sages dispositions prises par le capitaine Senèz, ne poussèrent pas plus loin leurs poursuites. Ce fut à cette époque un spectacle aussi surprenant que curieux, pour les habitants du Languedoc, que celui d'un vaisseau mouillé dans l'étroit bassin de Cette, qui n'avait jamais pu en recevoir de semblable. Cependant le commandant du Borée s'apercevant qu'il ne pouvait , soit dans l'intérêt du commerce du midi, qui avait à Cette un entrepôt d'eau-de-vie d'une valeur de 2,000,000 , soit dans celui de son bâtiment , de son équipage et de toute la population , garder un mouillage aussi entouré de chances , par le blocus hostile qu'en fesaient les Anglais, prit la résolution d'appareiller. Il profita , le 17 décembre , d'un coup de vent de S.-E. , qui avait éloigné l'ennemi du golfe de Lyon , pour mettre à la voile par un vent N.-O. , après avoir rapidement , dans 24 heures , rembarqué son artillerie et ses munitions ; et le 20 décembre le Borée rentra au port de Toulon , sans avoir éprouvé ni avaries , ni accident. Il y reprit le poste qu'il occupait dans l'armée navale.

Pendant que le capitaine Senèz offrait cet honorable exemple de courage et d'habileté maritime , les vaisseaux le Robuste et le Lion se trouvaient échoués sur le banc de Frontignan. Le contre-amiral Baudin , au lieu de faire dresser des batteries à terre et de prendre quelques dispositions pour tâcher de les conserver à la France ou les faire acheter chèrement par les Anglais , se borna , le lendemain de cet événement , à faire débarquer l'équipage de ces bâtiments. Pour les soustraire sans doute au pouvoir des Anglais , il ne trouva d'autre expédient que d'y mettre le feu , en achevant et éclairant ce désastre par les flammes d'un incendie. Accompagné de tous ses officiers , il ne tarda pas de se rendre à Cette , où il arbora son pavillon de contre-amiral à bord du BORÉE , qu'il quitta peu de temps après.

Le récit de ce pénible événement fait naître une foule de réflexions qui aident à expliquer les causes de la décadence de notre marine pendant la dernière guerre. N'eût-il pas été à désirer qu'au lieu de trop serrer la terre et d'arriver à un échouement, les vaisseaux le ROBUSTE et le LION , imitant les savantes et hardies manœuvres du BORÉE , eussent partagé son sort plutôt que de devenir l'inutile proie des flammes. Dans l'hypothèse la plus défavorable , celle où ils n'auraient pas trouvé leur salut dans une fuite nécessaire et désespérée , ils auraient du moins péri glorieusement en combattant contre l'ennemi, qui ne les aurait vaincus que par la force et le nombre , en rendant hommage à l'intrépidité de nos braves marins. Ce genre de malheur , toujours honorable pour la France , aurait eu des conséquences beaucoup moins graves que celles du déploiement de manœuvres timides et de l'inexplicable détermination de brûler des vaisseaux. Un pareil plan de conduite n'avait , à cette époque , d'autre résultat que d'enflammer l'orgueil et l'audace des Anglais en nous déconsidérant à leurs yeux , et de précipiter ainsi la chute de notre marine. On objectera peut-être qu'alors que nos vaisseaux seraient évidemment devenus le partage de l'ennemi , il fallait les détruire pour les priver de cet avantage. Ce principe peut être appliqué après un combat glorieux et opiniâtre , lorsque l'issue en est malheureuse ; mais il ne saurait prévaloir hors ce cas exceptionnel et surtout dans la catégorie qui nous occupe. Eh! qu'importe d'ailleurs l'avantage d'avoir privé un ennemi si riche en munitions navales de quelques vaisseaux , lorsque nous les perdions d'une manière aussi fâcheuse , et qu'il en résultait pour la marine française un effet moral de déconsidération si pernicieux. Il est aussi à regretter qu'avant d'incendier des vaisseaux , l'on n'ait pas essayé de les défendre par des batteries dressées à terre , ou en prenant d'autres dispositions non moins efficaces.

A Dieu ne plaise pourtant qu'il faille en dé-
verser le moindre blâme sur la conduite du contre-amiral Baudin. Son brillant combat de la
TOPAZE contre la frégate anglaise la BLANCHE,
qu'il fit amariner après une lutte opiniâtre, en
1805 , le met à l'abri de tout reproche d'in-
habileté et d'absence de courage ; mais il faut
croire que les dispositions qu'il prit dans l'affaire de Frontignan , lui étaient commandées
par des instructions d'un ordre supérieur, puisqu'il ne fut pas traduit devant un conseil de
guerre , qu'il vint continuer ses fonctions de
contre-amiral auprès de l'armée navale de Toulon,
et qu'il n'a cessé depuis lors d'être en possession
de la confiance du gouvernement.

Notice Biographique

Sur le Capitaine

SENÈZ.

Le capitaine Senèz (Louis-André), officier de la légion-d'honneur , chevalier de Saint-Louis , naquit à Toulon en 1767. Dès son enfance il eut un goût très-prononcé pour la carrière de la marine qu'il devait parcourir avec distinction. Lors de la guerre de 1778 , il fit partie de l'escadre sous les ordres du comte d'Estaing ; il se trouva au siége de Niewport , dans les Etats-Unis d'Amérique , prit part à la conquête de la Grenade et continua ses services jusqu'à la fin de cette guerre sur des corsaires de l'état dans nos colonies. Il navigua ensuite avec des bâtiments de commerce jusqu'en 1794. Nommé à cette époque enseigne de vaisseau , il fit partie de la division qui , sous les ordres du contre-amiral de Leissègues , sortit de Rochefort avec 800 hommes de troupes de débarque-

ment , pour aller conquérir la Guadeloupe alors
au pouvoir des Anglais. Dans peu de jours les
principales fortifications de cette île furent en-
levées , et la colonie fut bientôt remise à la
France. L'ennemi ne tarda pas d'y faire une
seconde descente avec de nouvelles forces , en
plaçant le siége des opérations sur la presqu'île
Saint-Jean , pour mieux canonner la Pointe-à-
Pître. Le capitaine Senèz prit alors le commandement du fort l'Union , qu'il défendit pendant
quarante jours avec la plus grande opiniâtreté ;
il le remit ensuite à un autre officier pour
monter un brick de 14 canons. Avec ce bâtiment il enleva , à l'entrée du port de l'île de
Saint-Vincent , deux navires anglais , bien qu'ils
fussent défendus par une flottille ennemie fesant
un feu très-vif sur le brick français. Placé à la
tête d'une division de plusieurs canonnières , il
reçut la mission périlleuse d'empêcher le ravi-
taillement du camp Saint-Jean occupé par les
Anglais ; il se dirigea entre ce camp et l'escadre
ennemie sous les ordres de l'amiral Gervis ,
depuis lord Saint-Vincent , essuya un feu terrible de leur part , parvint à prendre une position
intermédiaire qui , empêchant toute communication pour les Anglais , les força , après

vingt-deux jours de blocus , de se rendre aux troupes françaises , par le manque de vivres. L'amiral de Leissègues donna de grands éloges à la conduite du capitaine Senèz, en le félicitant de ce que , à la faveur de ce blocus , la Guadeloupe avait été conservée à la France. Cette affaire l'ayant élevé au grade de lieutenant de vaisseau , il obtint le commandement de la corvette le DECIUS, armée de 18 canons ; avec elle il fit diverses prises sur l'ennemi , parmi lesquelles étaient trois bâtiments de transport chargés de troupes anglaises.

Appelé ensuite au commandement d'une division composée du DECIUS, de la canonnière la VAILLANTE et de trois goëlettes, il opéra une descente sur l'île anglaise Languille, la fit enlever d'assaut , captura ou détruisit vingt-un bâtiments ennemis , parmi lesquels étaient plusieurs corsaires qui désolaient cette partie de nos colonies. C'est au retour de cette expédition que le DECIUS, ayant cent hommes de troupes à bord , rencontra , le 6 frimaire an 7 , la frégate anglaise la PORVING. Le capitaine Senèz fit de suite sauver les bâtiments de transport à Saint-Martin , et ordonna à la canonnière la VAILLANTE de prendre position à la poupe de la frégate ennemie , pendant que le Decius l'attaquerait par son travers. Bientôt le combat s'engage à une portée de pistolet, et malgré la fuite de la Vaillante , le Decius seul aux prises avec un ennemi bien supérieur, se défend avec le plus grand courage et force la frégate anglaise de s'éloigner. Le lendemain , la corvette française désemparée , ayant ses canons démontés et fesant de l'eau de toutes parts , est encore attaquée par la Porving , mais elle se laissa couler bas plutôt que de se rendre , après avoir eu plus de 120 hommes hors de combat , tués ou blessés. Cette belle défense valut à M. Senèz le grade de capitaine de frégate.

Commandant en 1799 la corvette la Vénus , qui fesait partie d'une division de trois frégates destinées à transporter des troupes en Irlande , le capitaine Senèz prit part à un combat qui fut livré à cette flottille par trois vaisseaux anglais. La Vénus soutint honorablement ce choc et arriva à Rochefort coulant bas d'eau par les boulets qu'elle avait reçus dans sa flottaison. En 1800 , avec la corvette le Berceau qu'il montait , il combattit et attaqua une corvette portugaise et un brick de guerre anglais qui escortaient un convoi sorti du Brésil. Après deux heures de combat, la voile portugaise fut coulée bas , démontée de ses trois mâts ; le brick an-glais prit la fuite ; les cinq plus gros bâtiments du convoi furent pris et conduits à Cayenne; un cut-ter anglais de 12 canons tomba aussi au pouvoir du capitaine Senèz. Ces prises étaient d'une va-leur de plus de 3,000,000. Sur la même corvette et peu de temps après, il soutint un combat des plus opiniâtres contre la frégate américaine le BOSTON , et après une lutte sanglante, à une por-tée de pistolet , qui dura pendant cinq heures, le BERCEAU fut démâté de ses trois mâts majors , et sur le point de couler bas , il amena son pa-villon. Un conseil maritime fut , par ordre du ministre Decrès , convoqué pour juger la con-duite du capitaine Senèz, mais il fut déclaré à *l'unanimité qu'il méritait des éloges pour la courageuse résistance qu'il avait faite dans ce combat très-inégal.* Il obtint alors le comman-dement de la frégate la CYBÈLE. Etant à New-Yorc en 1804, avec la frégate la DIDON, ces deux bâtiments se trouvaient sous le blocus rigoureux des Anglais. Le capitaine Senèz , pour tromper leur vigilance, eut l'heureuse idée de faire passer ces deux frégates par le Hell-Gate , espèce de gouffre où de très-petits bâtiments de com-merce seulement avaient jusqu'alors passé. Élevé au grade de capitaine de vaisseau, le capitaine

(233)

Senèz , en 1805 , eut, pendant un an , au port de Toulon , le commandement d'une division composée de deux vaisseaux et de quatre frégates. Lors du désastre maritime de Frontignan, dont la relation est ci-dessus retracée, il sauva, à la faveur d'une habile et courageuse manœuvre, le vaisseau le BORÉE qu'il montait, en le fesant entrer dans le port de Cette , dont le bassin paraissait jusque-là inaccessible à de pareils bâtiments [1]. Le ministre de la marine et l'amiral Gantheaume lui adressèrent des lettres de félicitation sur le succès d'une opération aussi hardie. En 1814 , le capitaine Senèz remplit l'honorable mis-

---

1. Le constitutionnel du 19 octobre 1828 , en donnant la nomenclature des vaisseaux qui sont au port de Toulon en état de désarmement , mentionne le BORÉE et dit : « Ce vaisseau est le même qui , sous le comman-
« dement du brave capitaine Senèz , servit d'avant-garde
« (poste d'honneur) aux escadres commandées par les
« amiraux Gantheaume et Emériau , et qui , après le
« combat de Frontignan , alors que ce bâtiment était
« poursuivi par trois vaisseaux anglais , se réfugia dans
« le port de Cette , inaccessible , par sa position natu-
« relle , à l'entrée de pareils bâtiments ; mais à l'aide
« toutefois d'une des plus habiles manœuvres que l'his-
« toire de la marine puisse citer , et dont le mérite est
« accordé au commandant Senèz ».

sion de conduire , sur la VILLE DE MARSEILLE qu'il montait , Son A. R. le Duc d'Orléans et son auguste famille , du port de Palerme à celui de Toulon. Il fut également chargé , en 1815 , de transporter de Gaëte en France , sur la frégate la DRYADE , Jérôme Bonaparte , sa mère et le cardinal Fesch. Il eut à la même époque le commandement supérieur des forces navales de la rade de Toulon , composées de plus de vingt voiles.

Ces glorieux combats , ces honorables expéditions , 20 années de commandement , dont 10 sur des vaisseaux de ligne (chose rare dans la marine), 15 années de grade de capitaine de vaisseau dans les armées navales , toujours placé aux postes d'honneur et de confiance de chef de ligne de bataille et de matelot de l'amiral , commandant d'escadre dont il a rempli les fonctions d'officier général , tels sont les services recommandables que le capitaine Senèz a rendus à la France et à la marine , en enlevant de plus à l'ennemi 40 bâtiments et 1000 prisonniers. Malgré des titres aussi puissants , il fut mis à la retraite en 1816 , lorsque, n'ayant pas encore atteint sa cinquantième année , il pouvait continuer d'être utile aux intérêts de l'état.

INSTRUCTIONS

DU VICE - AMIRAL ÉMÉRIAU

Aux Commandants des Bâtiments de l'Escadre sous ses ordres.

————

Vaisseau l'AUSTERLITZ , en rade de Toulon ,
le 28 avril 1812,

*A Messieurs les Généraux commandant les Escadres ,
Capitaines commandant les Vaisseaux et Frégates
de l'Armée navale de la Méditerranée.*

MESSIEURS ,

La présence d'une flotte ennemie devant Toulon peut
nous présenter l'occasion de la combattre et même de
l'attaquer. Les regards de l'empereur sont constamment fixés sur nous; l'escadre de Toulon est considérée
par la France entière comme destinée à porter les premiers coups à la marine anglaise , et à recueillir par
ses succès les lauriers qui doivent fixer la nouvelle ère
de la marine française.

Une aussi belle et honorable tâche est , j'en suis bien
convaincu , vivement appréciée par tous les officiers
de l'armée ; toutes mes pensées et tous nos efforts ten-

dront à justifier la confiance dont nous honore notre auguste monarque, et les espérances flatteuses que l'on fonde sur nous. Mais c'est par la prévoyance, le zèle et l'intelligence de MM. les officiers généraux et les capitaines, par la précision de leurs mouvements, par le soin qu'ils apporteront dans l'organisation intérieure de leurs vaisseaux, et enfin par le zèle, l'ardeur, la confiance et l'enthousiasme qu'ils auront su inspirer à leurs officiers et à leurs équipages, que ces espérances se réaliseront et que la flotte de la méditerranée obtiendra un rang distingué parmi les invincibles armées de la France.

Pour parvenir à ce but, il est indispensable que chaque capitaine persuade à son équipage qu'un vaisseau français, dont les dispositions auront été bien prises, doit combattre avec avantage un vaisseau ennemi de même force, parce que nos vaisseaux sont généralement mieux armés en nombre, et que nos ennemis n'étant pas plus braves que nous, avec une ardeur soutenue, de l'audace et de la confiance, nous devons nous promettre de la vaincre et y réussir.

L'escadre ennemie se trouve en ce moment en force supérieure sur nos côtes ; sa présence ne nous empêchera pas de nous livrer à nos appareillages et exercices ordinaires, ce qui peut conséquemment nous amener à un engagement imprévu ; il est donc essentiel que toutes les fois que tout ou partie de l'armée mettra sous voiles, toutes les dispositions générales et particulières nécessaires au combat soient faites avec une sévère et scrupuleuse attention , et chaque capitaine doit bien se pénétrer de cette importante recommandation.

Quels que soient les motifs ou les circonstances qui donneraient lieu à un engagement avec l'ennemi , que notre ligne de bataille soit constamment bien serrée ; que dans toutes évolutions nos vaisseaux ne s'éloignent les uns des autres que de la distance indispensablement nécessaire pour prévenir ou éviter les abordages. Evitons toute manœuvre timide et incertaine : elle pourrait décourager nos équipages et atténuer la confiance qu'il est si important de leur inspirer.

On ne peut et on ne doit exécuter , en présense de l'ennemi et lorsqu'on en est rapproché , que peu d'évolutions ; elles ont trop souvent pour résultat d'écarter les vaisseaux les uns des autres et de nuire aux avantages que l'on doit espérer d'une ligne offensive et défensive bien serrée.

Si l'ennemi est sous le vent , maîtres de nos manœuvres, nous formerons facilement notre ordre de bataille ; nous arriverons sur lui tous à la fois ; nous l'attaquerons de très-près ; chacun de nos vaisseaux combattra celui qui lui correspondra dans la ligne ennemie , et ne doit pas hésiter de l'aborder si le capitaine juge que les circonstances en soient favorables.

Les vaisseaux ennemis étant en grande partie armés de marins étrangers, et retenus par la contrainte , ils résisteront mal à un abordage tenté avec audace , exécuté avec intelligence et poursuivi avec persévérance.

Si au contraire l'ennemi se trouve au vent à nous ,

et annonce l'intention de nous attaquer , il faut que notre ligne de bataille soit très-serrée , et que tous nos efforts tendent à éviter et prévenir qu'ils ne la traversent. C'est surtout à l'intelligence du commandant du vaisseau de tête que je dois m'en rapporter , pour qu'il ne fasse en pareil cas que la voile nécessaire et qu'il ne tienne le vent qu'autant qu'il le faut pour favoriser la formation de cet ordre et le maintenir.

On ne doit pas s'attendre à ce que l'ennemi se borne à se former sur une ligne de bataille parallèle à la nôtre , et à nous livrer un simple combat d'artillerie dont le succès appartient presque toujours au plus heureux , il cherchera probablement à entourer notre arrière-garde , à traverser notre ligne , à porter des pelotons de ses vaisseaux sur ceux des nôtres qu'il aurait désunis pour les envelopper et tâcher de les réduire. Ce que je viens de supposer ici de la part de l'ennemi , nous devons toujours être disposé de l'entreprendre nous mêmes suivant les circonstances , et principalement si nous nous trouvions en force supérieure à l'ennemi ; et dans ces deux hypothèses , c'est de son courage , de son amour pour la gloire et l'honneur que chaque officier général , capitaine , doit prendre conseil , et je dois me reposer avec confiance sur tout ce que leur zèle et leur bravoure leur dictera en pareil cas pour l'honneur du pavillon.

Si les premières volées sont tirées de très-près , on doit faire usage du boulet rond et du paquet de mitraille ; il me paraît ensuite convenable d'employer pour les

(239)

première et seconde batteries, la charge aux deux boulets ronds en dirigeant le tir en plein bois ; l'incertitude du tir à démâter et de celui à couler bas , ayant été trop bien démontrée par l'expérience ; et on doit se bien convaincre qu'en portant le désordre dans les batteries de l'ennemi en balayant ses ponts par un feu bien nourri des caronades et canons des gaillards , en démontant ses canons et en coupant ses rides et bas-haubans , on doit réussir à lui faire tout le mal possible , et espérer de le réduire. Mon intention n'est pas cependant d'établir une règle générale de ce que je viens d'indiquer et je laisse au zèle , à l'intelligence et à l'expérience de Messieurs les capitaines , le soin d'établir et de diriger leur tir de la manière qu'ils jugeront la plus avantageuse aux positions dans lesquelles ils se trouveraient par rapport à l'ennemi.

Le combat une fois engagé , il est facile aux capitaines de concevoir qu'ils doivent recevoir peu d'ordres de l'amiral , et que le succès des combats par mer , dépend autant des bonnes dispositions prises avant et au commencement de l'engagement, que de l'expérience , de l'énergie et de la prévoyance des capitaines , de l'ardeur , du zèle des officiers et du courage des équipages. Le vaisseau amiral une fois engagé , enveloppé dans la fumée , est souvent dégréé , peut être dans l'impossibilité de faire des signaux ; il appartient donc aux capitaines de prévoir ce qui doit être fait et ce qui serait ordonné si les circonstances le permettaient.

Dans les affaires opiniâtres , après quelques heures

de combat , les lignes sont toujours rompues , et il se forme généralement des combats particls de vaisseau à vaisseau : c'est alors que se présentent de grandes chances de gloire et de succès pour Messieurs les commandants des vaisseaux et frégates. Quitter un poste où l'on n'aurait pas d'ennemis à combattre pour se porter promptement et sans hésiter là où est le feu et au fort de la mêlée , voler au secours de ceux de nos vaisseaux qui paraîtraient combattre avec désavantage et les soutenir courageusement , s'attacher aux vaisseaux ennemis désemparés pour les réduire , telles sont les circonstances que doivent rechercher les capitaines , telles sont les manœuvres que tout officier commandant doit se permettre , lorsque dans un combat animé il ne saurait recevoir les ordres de l'amiral ni ceux du général commandant l'escadre dont il fait partie ; telles sont aussi celles qui recevront mon approbation; et dans toute hypothèse , chaque capitaine commandant se rappellera constamment que lorsque l'amiral a fait le signal de commencer le combat , *tout vaisseau qui ne serait pas dans le feu ne serait pas à son poste* , et qu'un signal fait pour l'y rappeler serait pour son commandant une tâche déshonorante.

L'action vivement engagée , les frégates doivent y prendre une part active ; elles doivent choisir le point où leur coopération peut être la plus avantageuse, soit pour décider de la défaite d'un vaisseau ennemi, soit pour soutenir un vaisseau français trop vivement engagé ; lui donner le secours de la remorque ou tout autre qui lui serait nécessaire. Je ne préciserai pas tous les cas où les frégates peuvent se rendre essentiellement utiles , partager l'honneur et souvent déterminer le succès d'un combat naval ; il se présente en pareille occasion trop de chances de gloire aux officiers commandant les frégates pour ne pas être bien persuadé que je dois compter sur leur audace , leur dévouement et leur perspicacité pour tirer le meilleur parti possible des forces qu'il leur faut confier , et des avantages qui peuvent en résulter.

Nos escadres ne devant être pour le moment composées que de cinq ou six vaisseaux au plus , ne formeront que deux divisions ; les deux vaisseaux de tête et les deux vaisseaux de queue de la ligue formeront la première et la seconde division de l'escadre légère. Le commandant de cette escadre légère , à laquelle sont adjointes deux frégates , est confié à M. le capitaine de vaisseau *Senèz*, commandant le vaisseau le Borée, que j'ai nommé chef de la ligne de bataille ; il commande aussi plus spécialement la première division de cette escadre légère. La seconde division est confiée à M. le capitaine de vaisseau *Henry* , commandant le Danube, que j'ai nommé serre-file de l'armée : les capitaines *Senèz* et *Henry* recevront des instructions particulières pour des cas prévus et dont Messieurs les généraux commandant les deuxième et troisième escadres seront chargés d'assurer l'exécution. Ils n'en feront pas moins partie de leurs escadres et seront directement sous leurs ordres , toutes les fois que l'amiral ne jugera pas à propos de les en détacher, ou de leur transmettre un ordre particulier.

Dans un combat sérieusement et généralement engagé, les généraux commandant les deuxième et troisième escadres, sont autorisés à prendre telle mesure et à donner tel ordre que les positions de leur escadre ou de tel vaisseau sous leurs ordres nécessiteraient, s'ils jugent que ceux de l'amiral ne puissent pas leur parvenir assez promptement ou qu'il ne soit pas en position de bien juger ce qui se passe à l'avant où à l'arrière-garde; et si surtout notre armée est supérieure en nombre à celle de l'ennemi, ils doivent prévoir et saisir le moment opportun pour placer entre deux feux, soit l'avant-garde ou l'arrière-garde de l'ennemi, en manœuvrant avec précision et célérité pour prendre promptement à cet effet les positions les plus avantageuses; mais dans le cas où ils ne jugeraient pas utile de s'y porter avec toute leur escadre, ils sont autorisés à détacher, suivant les circonstances, une de leur deux divisions, et particulièrement celle de l'escadre légère, au lieu le plus convenable pour combattre l'ennemi avec avantage, soit pour remplir au centre de la ligne les vides que pourraient y avoir laissés les vaisseaux désemparés, soit pour secourir ceux de nos vaisseaux qui seraient assaillis par plusieurs vaisseaux ennemis; soit enfin pour doubler l'avant ou l'arrière-garde de l'ennemi, et la placer entre deux feux. Quoiqu'il puisse se présenter plusieurs circonstances où ce que je viens d'indiquer soit applicable au général commandant l'arriè.e-garde , ceci s'adresse néanmoins plus particulièrement au général commandant l'avant-garde ; car l'expérience nous a prouvé que dans plus d'une affaire les vaisseaux de tête de nos lignes sont restés dans l'inaction , lorsque ceux du centre et de l'arrière-garde combattaient avec désavantage et étaient écrasés par des forces supérieures , et c'est pour prévenir des résultats aussi fâcheux , que je dois insister auprès des généraux chargés des commandements des deuxième et troisième escadres , pour qu'ils apportent la plus grande prévoyance à cet égard ; et qu'ils évitent de laisser une partie des vaisseaux sous leurs ordres , spectateurs du combat , lorsqu'ils pourraient se partager , et en y participant rendre des services utiles et en assurer le succès.

Il suffira sans doute que je rappelle ici aux capitaines commandant les vaisseaux destinés à occuper l'honorable poste de matelots de l'arrière et de l'avant du vaisseau amiral , et des autres vaisseaux pavillon, les obligations que leur imposent leur devoir et les ordonnances , pour que je soie bien persuadé qu'ils rempliront avec autant de zèle que de dévouement la tâche qui leur est confiée.

Je maintiens au surplus et je recommande spécialement à Messieurs les commandants des vaisseaux et frégates de l'armée, de se bien pénétrer de l'instruction pour les capitaines placés à la tête du cahier des signaux , du réglement à l'usage de l'armée navale , qui suit cette instruction, ainsi que de l'instruction particulière pour la répétition des signaux ; tout ce que ces deux instructions et ce réglement prescrivent est d'une telle importance , qu'un capitaine qui , ainsi que des instructions et avertissements généraux, placés à la tête de la tactique navale , n'en aurait pas fait l'objet de la plus sérieuse attention et de ses plus profondes réflexions , serait inexcusable.

Je recommande enfin de rechef à Messieurs les capitaines de se bien convaincre que c'est des bonnes dispositions prises avant et dans le commencement de l'action et du soin qu'ils apporteront à faire réparer de suite et avec célérité les avaries qu'ils éprouveraient dans leur gréement au commencement du combat, qu'ils préviendront la chûte de leur mâture et de leurs vergues, et se tiendront par là en mesure de conserver leur poste et prendre , par rapport à l'ennemi, la position la plus avantageuse. Ils se pénétreront donc essentiellement de tous les ordres verbaux ou par écrit que je leur ai donnés sur cet objet important.

Vous connaissez , Messieurs, assez bien l'empereur , pour savoir ce qu'il a droit d'exiger de nous. Vous n'ignorez pas de quelle manière il récompense les grands et utiles services et vous devez d'avance compter sur les graces et les faveurs du gouvernement français, si, comme j'ose l'espérer , nous obtenons quelques succès , et que je n'aie que des éloges à donner à l'audace , à la bravoure , à l'habileté et au dévouement des recom-

mandables généraux et capitaines que j'ai l'honneur de
commander , et des braves officiers qui sont placés sous
leurs ordres.

Le Vice-Amiral , comte de l'empire , commandant en chef
l'armée navale de la Méditerranée ,

Signé **ÉMÉRIAU.**

Pour copie conforme : Le capitaine de vaisseau
commandant le vaisseau l'AGAMEMNON ,

LETELLIER.

ARMÉE NAVALE

DE LA MÉDITERRANÉE,

Aux ordres de M. l'Amiral Cte Émériau,

DE **1811** A **1814**

Époque de son Désarmement.

———

Noms des Vaisseaux.	Canons.	Commandants.	Équipag.
L'AUSTERLITZ..........	120 c. et 12 caron.	Le Cte ÉMÉRIAU , am.^{al} DURANTEAU , cap. de v. chef de l'état-m. g.^{al} BILLIER , cap. de vais. et de pavillon.	1140
Le WAGRAM............	120 c. et 12 caron.	BAUDIN , contre-amiral COSMAO , *id.* LEGRAS , cap de vais. et de pavillon.	1121
Le COMMERCE DE PARIS.	110 c. et 10 caron.	VIOLETTE , contre-am. LEBIGOT-GÉMON , cap. de vais. et de pav.^{on}	1070
Le MAJESTUEUX........	118 c. et 10 caron.	BRONARD , cap. de vais.^u	1100
L'IMPÉRIAL...........	120 c. et 10 caron.	LE COAT DE KERVEGUEN.	1121
Le MONTEBELLO	120 c. et 10 caron.	WILLAUMETZ , *id.*	1121
Le DONAWERT.........	80 c.	INFERNET , *id.*	866

Le SCEPTRE	80 c.	MONCABRIÉ, cap. de vais.	866
La VILLE DE MARSEILLE.	74 —	SENÈZ, *id.*	707
Le TRIDENT	74 —	BONAMY, *id.*	707
Le BRESLAW	74 —	ALLEMAND, *id.*	707
L'ULM	74 —	DUCLOS, *id.*	707
L'AGAMEMNON.	74 —	LETELLIER, *id.*	707
Le GÉNOIS	74 —	MONTALLANT, *id.*	707
Le BORÉE.	74 —	MAHÉ, *id.*	707
L'AJAX.	74 —	MAGENDIE, *id.*	707
Le SUFFREN.	74 —	LOUVEL, *id.*	707
Le MAGNANIME.	74 —	TOURNEUR, *id.*	707
Le DANUBE.	74 —	HENRY, *id.*	707
Le ROMULUS	74 —	ROLLAND, *id.*	707
Le SCIPION	74 —	PICARD, *id.*	707

Noms des Frégates.

L'ADRIENNE	44 —	GÉMON, cap. de vaisseau	321
La PAULINE.	44 —	SIMIOT, cap. de frégate	321
La MÉDÉE	44 —	DUFRESNE, *id.*	321
La DRYADE	44 —	BAUDIN, *id.*	321
L'AMÉLIE.	44 —	MEYNARD, cap. de vais.[au]	321
La MELPOMÈNE	44 —	BEVILLE, cap. de frégate.	321
La GALATHÉE	44 —	MURAT, *id.*	321
La PROSERPINE	44 —	GANTEAUME, cap. de v.[au]	321
La PÉNÉLOPE	44 —	SIMONET, cap. de frégate.	321

CHAPITRE X.[*]

Relation des combats d'Algésiras , du détroit de Gibraltar
et du vaisseau le FORMIDABLE.

L'histoire de la dernière guerre maritime ,
soit qu'elle raconte des désastres ou qu'elle dé-
crive des triomphes , n'en révèle pas moins
une importante vérité : celle que nos officiers et
nos marins, en général , se sont constamment
fait remarquer par les plus beaux traits d'habileté , de bravoure et de dévouement à leur
glorieux pavillon. Les actions d'éclat qui les ont
distingué sont si multipliées , qu'elles paraissent,
proportion gardée , plus nombreuses que dans
les batailles sur terre , soit que celles-ci four-
nissent moins d'occasion de danger et d'intrépidité , soit qu'à bord des vaisseaux le champ
de la guerre étant plus resserré , les actes d'hé-

---

[*] Pour l'ordre chronologique , il faut lire ce chapitre
après la relation du combat d'Aboukir.

roïsme y soient mieux en évidence que sur le vaste théâtre des opérations militaires.

Aussi nous n'hésitons pas à le dire, n'a-t-il manqué à cette époque à notre marine, pour briller d'un plus vif éclat et signaler de plus grandes victoires, que la présence de quelques-uns de ces génies supérieurs, dont la destinée est d'enfanter des prodiges tels qu'il s'en éleva, à pareil temps et comme par enchantement, dans nos armées de terre, dont ils rehaussèrent la gloire, en se plaçant au rang des grands capitaines des temps anciens et modernes.

Cette assertion ne peut être mieux justifiée que par la relation de l'honorable combat d'Algésiras, où l'escadre française eut le rare bonheur de rencontrer un général digne de la commander.

Après son avénement au consulat, le général Bonaparte, qui fesait sortir la France de ses ruines révolutionnaires, reconnut l'impérieuse nécessité de réparer aussi les désastres de sa marine. L'amiral Gantheaume reçut l'importante mission d'organiser une escadre imposante dans la mer méditerranée. Déjà plusieurs vaisseaux et frégates étaient réunis au port de Toulon, mais ils ne suffisaient pas pour réaliser les projets du chef du gouvernement. Pour donner une plus grande extension à ses forces navales , il eut l'heureuse idée de les augmenter d'une flotte de la marine espagnole , et profitant de l'ascendant qu'il exerçait sur la cour de Madrid , il se fit remettre six vaisseaux de cette nation qui devaient être montés par des équipages français. Nos bâtiments mouillés au port de Toulon, obtinrent l'ordre d'opérer leur jonction avec ceux qui se trouvaient à Cadix. Le contre-amiral Linois fut chargé de cette expédition ; il appareilla de Toulon le 25 prairial an 9 (14 juin 1801) avec les vaisseaux le FORMIDABLE de 80 canons qu'il montait, commandé par le capitaine Lalonde ; l'IMDOMPTABLE de 80, sous les ordres du capitaine Moncousu ; le DESAIX, ayant pour capitaine M. Christi-Pallière, et la frégate le MUIRON [1], sous le commandement de M. de Mar-

---

1. C'est la frégate le MUIRON qui ramena d'Egypte le plus grand capitaine des temps anciens et modernes, qu'accompagnait son ami Bessières , mort glorieusement aux champs de Lutzen. Une remarque assez curieuse frappera d'étonnement le lecteur, lorsqu'il apprendra que c'est encore sur cette même frégate, que se trouvait, dans la mémorable affaire d'Algésiras,

tinenq. Cette flotte , qui avait à bord des troupes de débarquement , après avoir dépassé les côtes dela Provence et du Languedoc, se trouva bientôt sur le littoral de l'Espagne et se dirigea sur Cadix. Lorsqu'elle eût doublé le cap de Gatte , elle aperçut diverses voiles anglaises qui paraissaient s'attacher à sa poursuite ; mais au moment où nos vaisseaux allaient entrer dans le détroit de Gibraltar, ils eurent avis que le port de Cadix était rigoureusement bloqué par une escadre anglaise sous les ordres de l'amiral Saumarez. Pendant sa traversée , le contre-amiral Linois rencontra deux bricks anglais qu'il captura ; l'un,

---

le jeune de Rigny , comme aspirant de seconde classe , alors au début de sa brillante carrière militaire.

Aujourd'hui M. de Rigny est vice-amiral , sa nomination à la préfecture maritime de Toulon est d'un heureux présage pour le 5ᵉ arrondissement. Les habitants n'auront qu'à s'applaudir en voyant succéder à un homme juste , le nouveau Brennus qui doit un jour faire pencher la balance au profit de la plus belle des causes , puisque déjà les palmes de Navarin ont purgé une partie de la Grèce des plus farouches despotes.

(Note de l'Éditeur.)

le Spedi, capitaine Cokran, était armé en guerre,
et l'autre appartenait au commerce britannique.
Ne pouvant, sans courir les plus grands dan-
gers , atteindre le port de sa destination. Il
donna l'ordre aux vaisseaux de sa division d'aller
mouiller dans la rade d'Algésiras, qui pouvait
leur offrir un abri ; ils y jettèrent l'ancre à une
distance du rivage de 10 à 12 brasses , le 16
messidor an 10 (5 juillet 1801). Le lendemain,
le général Linois leur prescrivit de s'embosser.
On travailla de suite à cette opération par un
vent au N.-O. petit frais. L'Indomptable se halait non loin d'une batterie placée sur un écueil
appelé l'île Verte. Après lui, devait s'établir en
ligne la frégate le Muiron , ensuite le Desaix ,
enfin le Formidable formant la tête s'appuyait
sur un fort appelé San-Yago. La ligne d'embossage n'était pas encore formée lorsque l'ennemi se montra. Dès-lors, l'Indomptable, qui
n'eût pas le temps de prendre son poste , fut
masqué par le Desaix, qui se halait : le Formidable se trouva plus à terre à l'extrémité N.
de la ligne , et la frégate le Muiron la prolon-
geait dans le S. Ces vaisseaux étaient dans cette
position , lorsqu'à 7 heures et demie l'escadre
anglaise , sous le commandement de l'amiral

Saumarez , se présenta à la pointe du cap Carnero en ligne de bataille , bâbord amures. Elle
était composée de six vaisseaux : le César , le
Pompée, le Superbe de 84 canons , l'Annibal ,
l'Audacioux, le Vénérable de 74 , ainsi que
d'une frégate et d'un lougre.

Le général, peu déconcerté de l'embarras de
sa position, du désordre de ses bâtiments et de
l'approche de l'ennemi bien supérieur en forces
à sa division, fit aussitôt le signal de branle-bas
de combat , en donnant l'ordre de tirer sur les
voiles anglaises dès qu'elles seraient à portée de
recevoir nos boulets. A huit heures un quart du
matin , ce moment arriva : la frégate le Muiron,
commença le feu par bâbord, ayant ses amarres
de poste et des grelins disposés pour présenter
son travers à l'ennemi dans les diverses situations qu'exigeait le combat. A 9 heures l'action
devint générale. Les Anglais serraient vivement
nos bâtiments au feu ; leurs vaisseaux de tête
prolongeaient leur bordée de canon jusqu'au
fond du golfe. Le dessein de l'amiral Saumarez
était alors de renouveller l'habile manœuvre du
général Nelson au combat d'Aboukir ; il voyait
nos vaisseaux mouillés assez loin de la côte sans
que leur ligne fut suffisamment flanquée , il or-

donna , par suite , au vaisseau le Vénérable ,
dont le capitaine connaissait le fond de la baie ,
de prendre la tête de la ligne, et favorisé par le
vent , il le fit gouverner sur le Formidable,
dans l'espoir de doubler ce vaisseau , de passer
entre la ligne d'embossage et la côte , et de mettre entre deux feux l'escadre française.

Le contre-amiral Linois , prévoyant les dangereux résultats de cette manœuvre , donna sur
le champ l'ordre à tous ses vaisseaux de couper
les câbles et de s'échouer le plus promptement
possible.

Cette opération , bien que contrariée par le
temps et par le feu terrible de l'ennemi , se fit
néanmoins de la manière la plus habile et la plus
hardie. Le Desaix, en s'échouant le cap à terre,
fut fortement canonné par plusieurs vaisseaux
anglais auxquels il riposta vigoureusement. L'indomptable s'échoua sur la pointe N.-E. de l'île
Verte , en combattant glorieusement contre deux
et jusqu'à trois vaisseaux ennemis. Le Formidable avait aussi touché près de l'Annibal qui, en
revirant et cherchant à passer entre la terre et ce
vaisseau , se trouvait déjà échoué non loin du
même endroit. Ces deux bâtiments, distants l'un
de l'autre d'une portée de pistolet , se battirent

avec le plus incroyable acharnement. La frégate le MUIRON fesait la plus belle résistance [1], et, pour se haler plus à terre, elle avait envoyé sa chaloupe pour alonger une ancre, mais elle fut coulée bas par le feu de l'ennemi, sans avoir pu remplir sa mission. Ce combat fort opiniâtre de part et d'autre, pendant l'espace de deux heures, n'amenait pourtant d'autre résultat que d'endommager fortement les manœuvres des bâtiments des deux nations et de faire un carnage horrible dans leurs équipages.

Cependant l'ennemi forcé de renoncer à son plan, de doubler la ligne de nos vaisseaux pour les mieux canonner et les faire amener, adopta un autre parti, c'était celui de s'emparer du fort de l'île Verte. Cette batterie qui, par sa position, aurait pu fortement protéger l'escadre française, n'avait point encore brûlé une amorce; elle paraissait même abandonnée. Déjà un vaisseau anglais qui s'en était très-rapproché, avait mis ses embarcation à la mer pour aller en prendre pos-

---

1. Conquise par Napoléon à Venise, cette frégate le ramena plus tard de l'Égypte en France ; elle est encore utile au service de la marine au port de Toulon comme vaisseau amiral.

session ; mais le capitaine de Martinenq, commandant le Muiron, apercevant ce mouvement et craignant que l'ennemi fit un prompt coup de main sur ce fort, se hâta de le gagner de vîtesse, en envoyant de suite sur cette batterie cent hommes de troupes de ligne qu'il avait à bord , sous le commandement du capitaine Balancourt. Les aspirants Joursin et Gautier furent chargés de la conduite des canots qui les transportèrent, mais comme ce fort était dégarni de tous moyens de défense , qu'il n'y existait ni poudre ni aucun objet d'artillerie pour le service des canons , le commandant de Martinenq l'approvisionna de suite de quatorze chefs de pièces , d'autant de refouloir , de trois cents gargousses , de deux milliers de poudre et de tout ce qui pouvait devenir nécessaire pour remonter cette batterie.

Ce renfort, d'un à-propos si remarquable , produisit les plus salutaires effets dans l'île Verte ; il empêcha l'abordage des Anglais , et ce fort, sous la direction du brave capitaine Balancourt, fut bientôt mis en état d'opposer la plus utile résistance contre l'attaque des Anglais. Il tirait avec la plus grande vivacité et dirigeait principalement son feu contre le vaisseau amiral ennemi (le Pompée). Ce bâtiment ayant touché

le bas-fond près de la batterie, se hâta d'a-
bandonner l'attaque, pour ne plus songer qu'aux
moyens d'assurer sa propre conservation. Il était
d'ailleurs vivement canonné par les pièces de
bâbord de la frégate le MUIRON, et essuyait
également le feu de l'INDOMPTABLE. Dans cette
position critique, ce vaisseau anglais avait amené
son pavillon ; mais bientôt aidé de la brise, d'un
peu de marée et secouru en toute hâte par des
embarcations arrivant de Gibraltar, il fut relevé,
remorqué par elles, fit de la voile et parvint enfin
à se sauver. Il laissa dans sa fuite deux canots
que l'ennemi avait chargés de fusils et de sabres
pour s'emparer de l'île Verte, qui tombèrent
au pouvoir des marins de la frégate le MUIRON [1].

---

1. Le MUIRON reçut 141 boulets dans le corps et cinq
dans les mâtures, qui en furent fort endommagées. Elle
n'eut heureusement que onze hommes tués et quatorze
blessés ; la bravoure de son équipage et de ses officiers
fut digne des plus grands éloges. Le nom de ceux-ci
doit être cité : ce sont les lieutenants Jacon et Pellabon,
qui se distingua dans le service de la batterie dont il
fut chargé ; les enseignes Rogerie, Pecoui et Serval ;
les aspirants Chautard, Gallois, Galle, Gautier, Jour-
sins, Andrieux et Dupuis.

Après l'échouement des vaisseaux français, sept à huit chaloupes canonnières espagnoles étaient sorties d'Algésiras, pour venir à leur secours et barrer la gauche de la ligne, sous la protection du fort San-Yago. Elles combattirent vaillamment ; cinq d'entr'elles furent coulées bas ou mises hors de service. Cette batterie avait presque cessé son feu, lorsqu'elle fût remontée par le général de brigade Devaux, qui s'y transporta avec un détachement de troupes de ligne, et fit rétablir le service de l'artillerie dans un meilleur ordre et sur un pied bien plus respectable.

A midi, l'engagement entre les deux flottes, qui n'avait pas discontinué, recommença avec un plus fort degré de vivacité ; l'acharnement devint plus opiniâtre qu'auparavant. La frégate le MUIRON ne cessait de canonner ; l'INDOMPTABLE combattait toujours, malgré la supériorité des forces qui l'assaillaient ; le FORMIDABLE redoublait son feu contre le vaisseau l'ANNIBAL, qui fut obligé d'amener son pavillon. L'escadre anglaise ne pouvant dès-lors résister plus long-temps aux attaques terribles et toujours réitérées de notre flotte et des batteries de l'île Verte et de San-Yago, fut enfin forcée de s'éloigner.

L'amiral Saumarez fit cesser le combat qui avait duré pendant six heures , et se retira vers Gibraltar avec quatre vaisseaux mis dans le plus grand désordre, presque entièrement désemparés , avariés et dans un état complet de dégréement. L'ANNIBAL demeura au pouvoir des Français ; le POMPÉE, tout délabré , s'était déjà réfugié à Gibraltar.

Tel fut le résultat de ce combat , l'un des plus meurtriers , des plus acharnés et des plus glorieux de notre armée navale. La perte des Anglais fut très-importante en officiers , en marins et en avaries ; elle fut même humiliante pour l'orgueil britannique , alors peu habitué à voir pâlir l'éclat de ses armes. Six de leurs vaisseaux ne purent remporter une victoire sur trois de la France ; ils furent encore contraints de s'éloigner devant la valeur française , qui fit amener le pavillon de deux vaisseaux ennemis et en mit un troisième hors de combat. Quinze cents de leurs marins furent aussi tués ou blessés.

Nous eûmes également à déplorer la perte bien cruelle des braves capitaines Lalonde et Moncousu , officiers d'un très-grand mérite , qui trouvèrent une mort glorieuse , le premier

sur le FORMIDABLE , et le second sur l'INDOMP-
TABLE qu'ils commandaient. Ils furent honorés
des regrets universels de la marine.

Les marins et les soldats donnèrent de nouvelles preuves de leur rare intrépidité , et combattirent constamment dans un ordre admirable
et au-dessus de tous les éloges. Cette brillante
affaire fit aussi le plus grand honneur au capitaine de Martinenq , commandant la frégate le
MUIRON, qui contribua à en assurer le succès,
soit en empêchant l'ennemi de s'emparer du fort
de l'île Verte , soit en canonnant vivement le
vaisseau le POMPÉE , pour le soumettre au pouvoir des Français [1].

L'amiral Linois se couvrit de gloire dans ce
combat remarquable : l'habileté de ses manœuvres , l'à-propos de ses ordres et le plan de la
belle défense qu'il sut opposer à ses redoutables
ennemis , l'ont élevé au rang de nos amiraux
les plus distingués. Ce fut un grand honneur

---

[1]. M. Jules-François de Martinenq est actuellement
contre-amiral, major-général de la marine au port de
Toulon.

pour lui d'avoir su , avec autant de bonheur que de talent , déjouer et ruiner les projets du général Saumarez , qui croyait avoir surpris la flotte française sur une rade ouverte, pour pouvoir mieux l'accabler de la réunion de ses forces.

Le premier consul apprit avec la plus grande joie l'heureuse nouvelle de cette bataille. Voulant témoigner sa satisfaction aux braves du combat d'Algésiras , il fit décerner des récompenses militaires à ceux d'entr'eux qui s'étaient le plus fait remarquer par leur intrépidité et leur dévouement. Il fut distribué aux équipages de chaque vaisseau trois grenades , six hâches d'armes et deux fusils d'honneur [1]. La frégate le MUIRON , non-seulement prit part à cet hommage , mais reçut encore pour son équipage , quoique moins considérable , le même nombre d'armes d'honneur que le chef du gouvernement avait accordé à chaque vaisseau de haut-bord. Alors n'avait point encore paru la belle institution de l'ordre de la légion-d'honneur , ce nouveau panthéon des braves [2].

---

1. Le contre-amiral Linois obtint un sabre d'honneur.

2. Les traits d'héroïsme et de dévouement de nos

Dès l'instant que le combat eut cessé , le premier soin de l'amiral Linois fut de faire mettre à terre les blessés , pour leur prodiguer tous les genres de secours ; il ordonna ensuite aux commandants des bâtiments de sa flotte de travailler sans relâche à la réparation des fortes avaries qu'ils venaient d'éprouver. Il craignait encore d'être surpris par une autre escadre anglaise qu'on annonçait devoir être non loin des parages d'Algésiras. Il redoutait même les moyens incendiaires que l'ennemi savait si bien mettre en usage ;

---

marins sont trop nombreux pour pouvoir être tous cités. Les uns criblés de blessures combattaient toujours sans vouloir faire panser leurs plaies ; d'autres embarqués sur une chaloupe qui fut coulée bas par les Anglais, revinrent à la nage pour servir les batteries qu'ils étaient chargés de défendre. Le canonnier Caselin , à bord du FORMIDABLE, se fit surtout remarquer par un rare sang-froid et une grande intrépidité ; bien que six de ses camarades fussent tombés morts autour de lui , il n'en continuait pas moins de tirer sur l'ennemi. L'amiral Linois l'apercevant ne put s'empêcher de témoigner son admiration pour une aussi belle conduite. Ce brave se borna à lui répondre : *général , je ne cesserai pas de combattre , quand même je serais le dernier.*

il demandait donc , dans les termes les plus pressants, que l'escadre espagnole , qui était sur la rade de Cadix , vint le secourir. Il sortit enfin de ce port le 8 juillet 1801 , une flotte sous les ordres de don Juan Moreno , composée de six vaisseaux de ligne, dont trois à trois ponts , de quatre frégates et un brick , savoir : le REAL-CARLOS de 112 canons , le SAN-HERMENEGILDE de 112 , le SAN-FERNANDO de 94 , l'ARGONAUTE de 74 , la SABINE de 44 ; le pavillon espagnol flottait sur ces cinq bâtiments. Le SAINT-ANTOINE de 74 canons , la LIBRE de 44 , l'INDIENNE de 44 , le VAUTOUR de 14 ; ces derniers portaient le pavillon français , sous les ordres du contre-amiral Dumanoir.

Cette escadre fit son entrée dans la baie d'Algésiras , où elle mouilla le 21 messidor an 9 (9 juillet 1801) ; les vaisseaux commandés par le contre-amiral Linois se rangèrent sous les ordres de l'amiral Moreno , qui montait la frégate espagnole la SABINE : celle-ci signala l'ordre d'appareiller deux jours après. Le 12 juillet 1801 , tous les vaisseaux espagnols et français étaient sous voiles , à l'exception de l'ANNIBAL pris sur l'ennemi , que la frégate l'INDIENNE n'avait pu remorquer à cause de ses avaries et qui fut laissé à Algésiras.

Cependant, l'amiral Saumarez, jaloux de réparer la honte d'une défaite qu'il ne pouvait
dévorer plus long-temps, se hâta de radouber
ses vaisseaux et de completter leurs équipages :
il ne tarda pas de reprendre la mer. Il appareilla
de Gibraltar à la tête de cinq vaisseaux et deux
frégates ; arrivé devant Algésiras, il les rangea
en ligne de bataille, à une lieue au vent de l'escadre combinée : lorsqu'elle se mit en route,
l'ennemi semblait épier le moment favorable pour
prendre sa revanche. Dès que l'escadre espagnole et française eut doublé le cap Carnero,
l'amiral Moreno signala l'ordre de marche : la
frégate la SABINE qu'il montait, et qui se distinguait par des fanaux, conduisait la marche ; les
trois vaisseaux le FORMIDABLE, le DESAIX,
l'INDOMPTABLE et la frégate le MUIRON, devaient
former la première ligne de front ; les cinq vaisseaux espagnols le SAINT-ANTOINE et les autres
voiles, composaient une autre ligne de front au
vent à tous les autres vaisseaux et étaient disposés
de manière à venir en bataille sur l'un ou l'autre
bord. L'escadre combinée, quoique dans les ténèbres, manœuvra d'abord dans un ordre assez
régulier, mais elle ne tarda pas à se séparer
lorsqu'elle fut arrivée au détroit de Gibraltar,

et au moment où l'amiral , frappé des premiers coups de canon de l'ennemi , fit disparaître son feu de distinction qui servait de guide et de point de ralliement à tous ses vaisseaux.

Le général Saumarez avait, pendant le jour , observé tous les mouvements de l'escadre espagnole et française ; il ordonna le soir à ses vaisseaux de forcer de voiles pour l'atteindre. A onze heures, le SUPERBE attaqua les vaisseaux de notre arrière-garde. Passant entre les trois ponts espagnols , le RÉAL-CARLOS et l'HERMENEGILDE, il lâcha contre eux toutes ses bordées et se dirigea sur le SAINT-ANTOINE que le CÉSAR venait d'attaquer. Les deux trois ponts espagnols croyant, au milieu des ténèbres de la nuit , que le vaisseau anglais le SUPERBE était toujours aux prises avec eux, se traitèrent par méprise comme deux ennemis et eurent ensemble un engagement aussi terrible que déplorable ; ils en vinrent, dans leur aveugle acharnement , jusqu'au point de s'aborder. Dans ce moment , un violent incendie éclata à bord du RÉAL-CARLOS ; les gerbes de flammes qu'il vomissait furent poussées par le vent sur l'HERMENEGILDE qui ne put s'en garantir. Ces deux magnifiques vaisseaux, les plus remarquables de la marine espagnole , saùtèrent en l'air presque en même temps ; leur double explosion et détonation fut si retentissante, qu'on crut éprouver à Cadix les effets d'un tremblement de terre. Tous les autres vaisseaux Anglais , espagnols et français se trouvant pêle-mêle , témoins d'un spectacle aussi terrible , ne songèrent plus à combattre , mais bien à s'éloigner de ce foyer d'incendie et de destruction. Plus de 1800 hommes des équipages de ces deux vaisseaux furent les malheureuses victimes de cette catastrophe , jusqu'alors sans exemple dans l'histoire des désastres maritimes. A cette grande calamité se joignit encore , pour l'escadre combinée , la perte du vaisseau le SAINT-ANTOINE , qui amena son pavillon au CÉSAR et au SUPERBE , qui l'avaient accablé de la réunion de leurs forces pendant cette nuit de désolation.

Enfin le jour se leva pour en faire cesser les horreurs et apprendre à l'amiral Moreno les grandes pertes qu'il venait d'essuyer ; il parvint à rallier le reste de son escadre , qui se dirigea sur Cadix , où elle mouilla le 25 messidor an 9 (14 juillet 1801), à l'exception du vaisseau le FORMIDABLE , appelé à remplir une plus belle destinée.

Les revers et les grands malheurs de l'affaire

du détroit de Gibraltar, ne peuvent qu'être im-
putés au général en chef de l'escadre combinée.
En la fesant appareiller en vue d'une flotte ennemie fort imposante, et dont les chefs, les officiers et les marins brûlaient de laver l'affront
de leur récente défaite, il aurait dû prendre
des dispositions convenables pour repousser
au moins ses actes d'hostilité. Cependant aucune mesure, aucun plan d'attaque ou de défense ne furent arrêtés ; pas un signal ne fut
fait à ses vaisseaux àvant et pendant le combat; le feu de distinction qu'on remarquait sur
la Sabine, frégate de l'amiral, fut même amené
aux premiers coups de canon de la flotte anglaise. Celle-ci n'avait donc que des succès à
obtenir, des malheurs à causer à ses adversaires
en les attaquant isolément, alors que pendant
les ténèbres de la nuit l'amiral ne fesait aucun
signal pour faire soutenir les vaisseaux assiégés.
Aussi ce général espagnol fut-il en butte à des
reproches d'imprévoyance, d'ineptie et même
de lâcheté. Le brave contre-amiral Linois se
trouvait bien à bord de la Sabine, il ne s'y
était embarqué qu'avec répugnance à Algésiras,
et pour obéir à des ordres supérieurs, mais il
n'influa sans doute sur aucun des actes du commandement de l'amiral Moreno.

Heureusement que le vaisseau le FORMIDABLE vint encore relever et sauver l'honneur français dans cette affaire. Les grandes avaries qu'il avait éprouvées au combat d'Algésiras , et qu'il n'avait eu ni le temps ni les moyens de réparer , ne lui permirent pas de suivre la marche de l'armée navale combinée. Au milieu de la nuit désastreuse de l'affaire du détroit de Gibraltar , il fut rencontré par cinq vaisseaux anglais dont il essuya les bordées et qui tiraient à boulets rouges. Le capitaine Troude , qui le commandait depuis la mort du brave commandant Lalonde [1] , défendit à son équipage d'user de représailles ; il préféra , se trouvant en lutte contre des forces aussi irrésistibles , préserver son bâtiment , au moyen d'un ingénieux artifice que l'obscurité de la nuit lui permettait d'employer , celui de s'approprier les feux de reconnaissance de l'ennemi ; il parvint ainsi à se dégager de leurs mains en trompant leur crédulité ; il continua alors sa navigation toujours isolément ; mais à quatre heures du matin , se trouvant près de Cadix , il

---

1. Ses talents l'élèverent à ce poste qu'il sut rendre si glorieux ; il fut récompensé par les grades de capitaine de vaisseau et de contre-amiral qu'il obtint ensuite.

se vit pourchassé par quatre bâtiments ennemis:
c'étaient le CÉSAR, monté par l'amiral Saumarez, le VÉNÉRABLE, le SUPERBE et la frégate la
TAMISE. Bientôt l'intrépide Troude se dispose au
combat et renforce ses batteries. Le VÉNÉRABLE
et la TAMISE sont les premiers à l'attaquer; ce
vaisseau lui lance sa volée par la hanche de bâbord, mais le FORMIDABLE le serre de suite au
feu; dès-lors s'opéra un engagement des plus
acharnés, même de vergue à vergue, et souvent
bord contre bord. Chaque canon français portait jusqu'à trois boulets. En même temps le
FORMIDABLE ripostait à la Tamise qui fesait
également feu sur lui. Les deux autres vaisseaux
anglais accoururent au secours du VÉNÉRABLE,
démâté de son grand mât, de son perroquet de
fougue, et de son mât de misaine qui se trouvait hors de combat. Le capitaine Troude réunit
alors tout son feu contre le CÉSAR, qui fut mis
en désordre et abandonna le champ de bataille;
il ne restait plus que le SUPERBE, qui, vivement canonné; s'éloigna également et n'osa
plus continuer le combat.

Vers les sept heures du matin le vaisseau le
FORMIDABLE était jusqu'alors en possession de
la victoire la plus belle peut-être qu'un seul vais-

seau ait jamais remporté , luttant contre quatre bâtiments trois fois plus forts que lui : mais persuadé que l'amiral Saumarez allait recommencer le combat, il assembla son équipage et lui fit jurer de s'engloutir sous les eaux plutôt que d'amener son pavillon , par deux fois couvert d'une si grande gloire. L'ennemi n'eut cependant point le courage de s'engager dans un nouveau combat , soit que l'admirable défense du FORMIDABLE lui en eut trop fortement imposé , soit qu'il redoutât l'approche de l'escadre combinée , déjà mise en mouvement pour venir à son secours ; il s'éloigna donc en toute hâte sans avoir pu amener le VÉNÉRABLE , qui alla s'échouer entre l'île de Léon et la pointe de St.-Roch , près de Cadix. De son côté, à deux heures du soir , le FORMIDABLE fit son entrée dans le port de Cadix. Ce fut pour son brave capitaine et son héroïque équipage le spectacle d'un véritable triomphe. Toute la population de la ville, témoin de sa glorieuse défense , accourut pour le saluer de ses acclamations et faire éclater son enthousiasme.

La victoire d'Algésiras et l'immortel combat du FORMIDABLE , seront toujours mis au rang des plus brillants exploits de la marine française.

ÉTAT

DES VAISSEAUX ET FRÉGATES

Composant l'Escadre Espagnole et Française, sous les ordres de l'Amiral espagnol MORENO, AU COMBAT DU DÉTROIT DE GIBRALTAR.

Ces deux vaisseaux combattant ensemble par méprise au combat du détroit de Gibraltar, sautèrent en l'air.	Le SAN-CARLOS............	112 C.
	Le SAN-HERMENEGILDE....	112
	Le SAN-FERNANDO........	90
	L'ARGONAUTE............	80
	Le SAN-AUGUSTINO........	74
Frégate montée par l'amiral Moreno.	SABINA...................	36

Première Division française sous les ordres du Contre-Amiral DUMANOIR, *au même combat.*

		Canons.	Capitaines.
Pris au combat du détroit de Gibraltar par les Anglais.	Vaisseau le St-ANTOINE.	74 —	LE RAY.
	Frégate l'INDIENNE....	40 —	PROTEAU.
	Id. la LIBRE.......	36 —	BOURDET.
	Brick le VAUTOUR.....	14 —	KÉMEL.

Seconde Division française sous les ordres du

Contre-Amiral LINOIS ,

AUX COMBATS D'ALGÉSIRAS ET DU DÉTROIT DE GIBRALTAR.

		Canons.	Capitaines.
Combattit vaillamment à Algésiras et à Gibraltar.	Le FORMIDABLE ..	80 —	LALONDE , tué au combat d'Algésiras. TROUDE , au combat du détroit de Gibraltar.
Idem à Algésiras.	L'INDOMPTABLE ..	80 —	MONCOUSU, tué au combat d'Algésiras.
Idem à Algésiras.	Le DESAIX	74 —	PALLIÈRE.
Idem à Algésiras.	Frégate le MUIRON.	40 —	DE MARTINENQ

(273)

ÉTAT DES BATIMENTS

COMPOSANT L'ESCADRE ANGLAISE,

Sous les ordres de l'Amiral SAUMAREZ ,

AUX COMBATS D'ALGÉSIRAS ET DU DÉTROIT DE GIBRALTAR.

		Canons.	Capitaines.
Entièrement désemparé et ayant amené son pavillon au combat d'Algésiras , mais sauvé par des embarcations venues de Gibraltar.	Le POMPÉE.....	80 —	STERLING.
	Le CÉSAR.......	80 —	SAUMAREZ, a.; BRINTON, cap.
	Le SPENCER....	74 —	DARBY.
Entièrement désemparé et échoué sur la côte de Gibraltar, au combat du FORMIDABLE	Le VÉNÉRABLE.	74 —	HOOD.
	L'AUDACIOUS ..	74 —	PEAD.
Pris par les Français au combat d'Algésiras.	L'ANNIBAL.....	74 —	FERRIS.
	Le SUPERBE....	74 —	KEATE.
	Frégate la PERLA........	36 —	

NOTICE BIOGRAPHIQUE
SUR L'AMIRAL DE LINOIS.

Le comte Durand de Linois, commandant de la légion d'honneur, né à Brest en 1761, après avoir servi dans la marine marchande, obtint de l'emploi dans celle de l'état. Il était lieutenant de port en 1789. Il navigua ensuite sous les ordres de l'amiral Villaret-Joyeuse, qui, en 1793, le chargea d'une croisière avec la frégate l'ATTALANTE qu'il commandait, et les corvettes l'ÉPERVIER et la LEVRETTE. Ayant pris quatre bâtiments sur l'ennemi, et le mauvais temps l'ayant ensuite séparé des deux corvettes, il fut rencontré par le vaisseau anglais le SWIT-SURE de 74 canons, qui eût avec sa frégate un engagement terrible à une portée de pistolet. Linois fut contraint de succomber après une honorable résistance de plusieurs heures. Ce combat lui valut le grade de capitaine de vaisseau. Nommé commandant du FORMIDABLE, il prit part aux affaires du 22 prairial et 5 messidor an 3, combattit vaillamment, reçut deux blessures ; mais un incendie ayant éclaté à bord de ce bâtiment, il fut forcé de se rendre. Fait prisonnier, le gouvernement anglais sollicita son échange contre sir Sidney-Smith , et renvoya ce capitaine français sur parole ; mais Robespierre ne voulut pas se prêter à cette mutation et autorisa Linois à rester en France. Celui-ci s'indigna de ce qu'on osait lui proposer de manquer à l'honneur et à sa parole , et se hâta de reprendre sa captivité en Angleterre. Rentré plus tard en France , il fut nommé chef de division et investi du commandement de la flotte destinée à faire une expédition en Irlande. Il obtint, en 1800, le brevet de contre-amiral , et fut placé sous les ordres de l'amiral Gantheaume , commandant alors l'escadre de la méditerranée. Il coopéra à la prise de la frégate le SUCCÈS , ainsi qu'aux attaques de l'île d'Elbe et de Porto-Ferraio. Après cette campagne , il fut chargé du commandement d'une flotte stationnée à Toulon , pour opérer sa jonction avec l'escadre espagnole et les bâtiments français qui se trouvaient à Cadix. De là il soutint le glorieux combat d'Algésiras et assista à celui du détroit de Gibraltar , dont nous avons présenté la relation.

Après la rupture du traité de paix d'Amiens, le contre-amiral Linois se trouvait au cap de Bonne-Espérance , ayant sous ses ordres un vaisseau et trois frégates. Il fit diverses croisières pendant lesquelles il désola le commerce anglais , en fesant des prises d'une très-grande valeur. La puissance britannique s'étant emparée du cap de Bonne-Espérance , le général Linois revint en Europe. Il rencontra dans sa route , en mai 1806, une escadre anglaise composée de sept vaisseaux et de plusieurs frégates. Le MARENGO qu'il montait, assailli par quatre vaisseaux ennemis, défendit courageusement l'honneur du pavillon ; mais accablé par des forces aussi supérieures et ayant perdu 150 hommes tués ou blessés , il fut contraint de se rendre. Constitué prisonnier en Angleterre , le général Linois ne rentra en France qu'à la première restauration. Il obtint alors le gouvernement de la Guadeloupe , qu'il garda jusqu'à la prise de cette colonie par les Anglais. La résistance qu'il fit contre eux et son adhésion au Gouvernement de Napoléon en 1815 , le firent placer dans un état de captivité. Emmené en France, il fut traduit , sur sa demande , devant un conseil de guerre qui déclara à l'unanimité que sa conduite, dans le gouvernement de la Guadeloupe, était sans reproche. Depuis lors il n'a plus figuré sur les listes d'activité de la marine. Les talents et l'intrépidité qu'il déploya au combat d'Algésiras , et dans ses croisières aux colonies , l'ont élevé au rang de nos meilleurs amiraux.

CHAPITRE XI.

Réflexions générales sur les batailles navales.

Des personnes qui se croient versées dans les affaires maritimes, ont prétendu que la France devait quelques-unes de ses défaites sur mer au peu d'habitude qu'ont nos officiers de la marine de former leur ligne de bataille. On ne saurait admettre une pareille opinion ; en effet , former la ligne de bataille est toujours le premier mouvement ordonné ; c'est le plus ordinaire lorsque l'ennemi approche, ou qu'on va l'attaquer à égalité de force ; il est surtout le plus facile, puisqu'on le voit souvent s'exécuter avec beaucoup de précision et une grande vîtesse ; mais cette ligne une fois formée , il est rare que les vaisseaux manœuvrent pour se secourir mutuellement ou pour profiter des fautes ou de la faiblesse de l'ennemi. Ce défaut d'action ou de mouvement des bâtiments pour s'entr'aider les uns et les autres ou pour profiter des événements favorables paraît être quelquefois attribué à l'inexpérience ou à la mauvaise volonté des officiers ; on peut également en assigner la cause dans la défectuosité de notre ordre de bataille. Si cette ligne est aisée à former, elle est aussi bien difficile à défendre ou à maintenir toutes les fois que l'ennemi aura la témérité de vouloir la rompre et de la traverser. Cependant les vaisseaux ne pouvant attaquer ou se défendre qu'en présentant leur côté, on ne peut trouver d'autre disposition pour les offrir au combat que celle de les ranger sur une ligne ; le seul moyen qu'on pourrait prendre , ce serait de renforcer cette ligne dans ses deux extrêmités , comme le démontre si clairement M. le vicomte de Grenier, dans sa nouvelle tactique navale. Cette disposition , d'un nouvel ordre de bataille , consisterait à faire occuper aux trois corps ou escadres d'une armée navale, trois côtés d'une losange dont les lignes seraient parallèles aux routes du plus près du vent. Les vaisseaux du centre ou du corps de bataille formeraient la ligne qui présenterait le combat. Ceux de l'avant-garde et de l'arrière-garde seraient rangés en échiquier sur les deux lignes du plus près opposées aux amures du corps de bataille ; le chef de file qui serait le dernier vaisseau de l'avant-garde , et le serre-file le premier vaisseau de l'arrière-garde , s'appuieraient sur leurs colonnes respectives. Toutefois ces deux colonnes se rangeraient sous le vent du corps de bataille , si l'ennemi était au vent ; ou bien si celui-ci était sous le vent, le corps de bataille arriverait entre les deux colonnes et formerait sa ligne de manière à avoir pour chef de file et pour serre-file le vaisseau à l'extrémité de chaque colonne. Néanmoins, si l'amiral jugeait plus à propos de faire évoluer les deux colonnes , pour venir se ranger au vent du corps de bataille , il en ferait le signal, et ce mouvement serait d'autant plus facile à exécuter , qu'il ne s'agirait que d'un virement de bord pour que chaque vaisseau vint prendre son poste au vent dans sa ligne respective.

Cependant , cet ordre de bataille n'ayant jamais été mis en pratique, quoiqu'il semble présenter beaucoup de facilité pour exécuter les mouvements convenables pendant l'action , on doit présumer que nos amiraux n'ont pas osé se départir de l'ordre de bataille usité, bien qu'il soit prouvé qu'un certain nombre de vaisseaux en ligne ne puisse être combattu en même temps que par un nombre égal de vaisseaux ennemis ;

il est toutefois évident que toute une escadre ennemie supérieure ou inférieure , même de quelques vaisseaux , peut battre la partie ou le tiers mis en ligne de celle qui lui est opposée , en la prolongeant de vîtesse ; alors chacun de ses vaisseaux , après avoir dépassé le chef de file opposé , revirant pour aller reprendre la queue de son escadre , peut revenir successivement au feu jusques à ce que les vaisseaux de tiers en ligne soient totalement désemparés. L'ordre sur la losange donne , il est vrai , la facilité de remplacer les vaisseaux dégréés par ceux qui flanquent la queue et la tête de votre ligne de bataille ; mais ceux de l'ennemi , qui ne font que passer , n'étant pas exposés à un feu vif et continuel , comme ceux que vous leur opposez , il est possible qu'ils ne soient que faiblement avariés et qu'ils profitent de vos mouvements et des fortes avaries qu'ils auront occasionnées à vos vaisseaux , pour séparer vos colonnes ou couper votre ligne et vous mettre en désordre ; mais aussi l'armée sous le vent peut , virant de bord , venir couper votre ligne et envelopper les vaisseaux du centre qui seraient endommagés. Il est constant que pour rendre efficaces les meilleures dispositions pour le combat, il faut qu'un amiral choisisse le poste le mieux à portée pour voir et connaître tout ce qui ce passe dans sa ligne de bataille , comme aussi pour faire parvenir ses signaux afin que ses ordres soient promptement et ponctuellement exécutés ; et ce poste est naturellement désigné dans l'ordre de la losange , au centre de son armée , hors de la ligne de combat , entre les deux colonnes qui flanquent les deux extrémités de sa ligne. Il conviendrait sans doute qu'un amiral en chef , dans quelque ordre qu'il place son armée, soit constamment embarqué sur une grosse frégate ou sur un vaisseau rasé, d'où, en parcourant la ligne à petites voiles , et en observant les événements de l'action, il ne puisse se méprendre sur l'expression , ou sur l'application des signaux , ni sur les ordres à donner qu'il porterait lui-même , s'il s'apercevait qu'on voulut en éluder l'exécution.

On observera sans doute que les amiraux anglais restent à bord de leurs vaisseaux : cela est vrai ; mais ils sont sûrs qu'en présence de l'ennemi tout motif de haine ou d'intérêt personnel, tout esprit de jalousie , cédent toujours à l'intérêt général et à l'amour de la patrie. Toutefois, dès que le signal de combattre flotte en tête du mât du vaisseau amiral, les capitaines ne voient que la gloire de leur pays ; tous se précipitent au feu ; ils n'ont pas besoin d'autres signaux pour prendre un poste convenable ou pour profiter des fautes de l'ennemi ; dans la dernière guerre maritime ils savaient par expérience que quelques capitaines français une fois en ligne ne regardaient pas toujours après eux, et qu'ils laissaient quelquefois prendre tout ce qui était derrière en attendant leur tour, à moins qu'un ordre tardif donné par un pavillon qu'ils n'apercevaient pas bien, ou qu'ils hésitaient à comprendre, ne les décidassent enfin à venir au secours des vaisseaux attaqués souvent lorsqu'il n'en était plus temps. Il est vrai aussi que les amiraux français n'étaient pas toujours sûrs des commandants de leurs vaisseaux, parce que tout le monde sait qu'ils n'en avaient que rarement le choix.

On a souvent entendu des officiers émettre l'opinion qu'il fallait que chaque vaisseau attaquât le sien correspondant dans la ligne ennemie ; assurément ce langage est bien digne de la loyauté des marins français, c'est bien aussi le moyen qu'ils savent employer pour attaquer lorsqu'ils sont au vent, car la tactique navale assez stérile dans ses six mouvements de guerre, ne désigne pas d'autre procédé ; mais lorsque cette loyauté , cette manière d'attaquer tourne contre les intérêts et la gloire de la patrie , pourquoi n'imiterions-nous pas nos habiles rivaux ; pourquoi ne mettrions nous pas en pratique l'artifice et l'audace des marins anglais en portant nos forces réunies sur un ou deux points de la ligne ennemie et en tombant avec deux ou trois vaisseaux sur un seul ? C'est là le seul moyen de réduire en peu de temps nos adversaires , c'est le plus prompt pour décider une affaire ; serions-nous donc encore assez novices en manœuvres pour ne savoir profiter d'une position avantageuse pour réunir toutes nos forces contre une partie de celles de l'ennemi ? Assurément , cette manière de combattre est courte et décisive , et l'avantage en reste toujours à ceux qui savent mieux la mettre en pratique.

Un événement qui semble compromettre le plus une armée navale française , et qui exige par conséquent la présence d'un amiral à bord d'une frégate , pour parer de suite aux inconvénients , c'est celui où l'ennemi parvient à couper notre ligne de bataille. En effet , lorsque la ligne est coupée et que la partie séparée est mise entre deux feux , tandis que la partie de l'avant continue sa route , il faut des ordres précis et pressés pour manœuvrer de manière à se rallier afin de remédier à cet événement. Aussi la moindre hésitation à prendre un parti de la part de l'amiral ou le moindre délai mis par les capitaines à l'exécution de ses ordres font naître les conséquences les plus funestes. Cet événement peut avoir lieu, soit en arrivant du côté du vent, comme l'a éprouvé l'armée navale combinée de France et d'Espagne au combat de Trafalgar, soit en venant par-dessous le vent comme cela est arrivé lors du combat du 12 avril 1782, à l'armée navale sous les ordres de l'amiral de Grasse. Un amiral essentiellement occupé de l'importance de sa mission, doit prévoir d'avance toutes ces diverses situations et préparer dans sa tête les mouvements propres à les éviter en évoluant, ou bien il doit y parer en fesant forcer de voiles à une partie des vaisseaux de l'arrière, pour venir flanquer sous le vent à la portée de pistolet les vaisseaux menacés et séparés ; il doit tâcher de mettre l'ennemi entre deux feux, soit en fesant virer de bord une division de l'avant-garde pour prendre position au vent de l'ennemi, soit en faisant porter au feu les capitaines qui verraient que leur assistance y est nécessaire. L'amiral devrait même préparer ses capitaines à ces divers événe-

ments et leur faire connaître d'avance ses intentions. Il n'y a véritablement que le sang-froid et
l'expérience d'un amiral aidé de la bravoure et
du dévouement des capitaines , qui soient dans
le cas de rétablir l'ordre et de prévenir une défaite
dans de pareilles circonstances. C'est alors que
l'on doit prêter la plus grande attention à l'exécution des ordres d'un amiral qui doit répondre
des événements ; mais dans ces sortes d'occasions difficiles , souvent les signaux ne sont pas
aperçus , ou l'on hésite à les comprendre si leur
exécution n'est pas jugée convenable par les capitaines. Cet inconvénient majeur n'arriverait
pas, si l'amiral, placé sur une frégate , venait faire
exécuter lui-même le mouvement signalé ; il arriverait bien moins encore si la France , jalouse
d'avoir des officiers de mer distingués , fesait
déployer dans les conseils de guerre cette juste
sévérité que l'Angleterre a toujours appliquée à
ses amiraux dans des circonstances où leur
conduite a paru équivoque.

Un amiral exercé se trompera rarement sur une
évolution qu' il ordonnera ; mais si les capitaines
en éludent l'exécution en prétendant que leur
position la rend difficile , le rétablissement de
l'ordre est alors impossible et la déroute en est

la suite inévitable. On ne rappellera pas ici les diverses affaires malheureuses où les signaux faits par les amiraux ont été méconnus, mal compris ou mal exécutés ; peut être ces signaux quoique applicables à la circonstance n'étaient pas conformes à la position de certains capitaines, peut-être le mouvement ordonné compromettait les vaisseaux qui devaient l'exécuter ; mais si, en exposant des vaisseaux qu'on est loin de vouloir sacrifier, on rallie ses forces et on rétablit son ordre de bataille, les capitaines ne doivent pas commenter les signaux, mais les exécuter. Un amiral ne peut guère compter sur des officiers qui discuteraient ses signaux et ses ordres. Aussi l'intérêt de l'état exige impérieusement que dans une armée navale la confiance réciproque règne toujours entre le chef et ses subordonnés : l'on doit dès-lors être très-scrupuleux sur le choix d'un amiral, comme sur celui des capitaines. Ce n'est pas pour avoir pris un vaisseau ennemi ou avoir évité d'être pris, qu'un commandant de bâtiment peut être élevé à des grades éminents. Les officiers anglais n'obtiennent de pareilles faveurs qu'après avoir commandé long-temps dans des escadres et assisté à divers combats.

Les escadres d'évolution en France forment

un des objets les plus essentiels de notre marine. C'est peut-être celui qui a été le plus négligé. Il n'est pourtant rien de plus indispensable pour la formation d'une armée navale , que son instruction , celle de ses officiers et matelots, ainsi que la nécessité de maintenir la subordination et la discipline , dont l'absence et le relâchement furent une des causes fréquentes de nos revers maritimes.

On n'a traité jusqu'ici que des affaires générales entre des armées navales ; ce sont elles qui décident les plus grandes questions sur la mer ; ce n'est point un combat particulier, la prise d'une frégate qui peuvent ruiner les intérêts maritimes d'une nation : il est naturel de croire qu'un officier investi du commandement d'un bâtiment de guerre doit connaître la position la plus avantageuse pour battre son ennemi. Toutefois, le hasard et quelques coups de canon de faveur peuvent donner l'avantage à celui qui possède les canonniers les plus adroits ; la position avantageuse que l'on prend ou que l'on empêche l'ennemi de prendre , en manœuvrant à propos , est toujours l'avant-coureur du succès. Eviter une enfilade , tenir son ennemi par la hanche ou par le bossoir , engager son beaupré dans

vos grands haubans sont des positions qui décident ordinairement le succès d'un combat
particulier. L'abordage surtout convient à la bravoure et à la hardiesse française ; mais cette
manœuvre délicate exige du coup d'œil et de
l'expérience dans l'officier qui veut la mettre à
exécution. Le motif en est que , si l'on manque
l'abordage , on risque d'être mis soi-même
dans une fâcheuse position. Il faut savoir couvrir sa manœuvre par un feu vif et soutenu de
manière à ce que l'ennemi ne puisse pénétrer vos
intentions ; c'est au moment où il vous croit
le plus acharné au combat , par la vivacité du
feu , que vous devez effectuer votre abordage
par un coup de manœuvre prompt et hardi. Il y a
pourtant des circonstances où l'on doit plutôt
s'éloigner de l'abordage que de le tenter : cela dépend de la connaissance que l'on a du caractère ,
de la force et de l'adresse des adversaires contre qui l'on combat. Si vous avez affaire à des
Algériens , à d'autres corsaires des régences de
la côte de Barbarie , à des pirates et même à des
Marates des ports de Chaül ou de Dabul sur la
côte du Malabar, il faut éviter l'abordage. Ces
forbans ne comptent pas beaucoup sur l'effet de
leurs canons, étant sans expérience en artillerie ;

mais comme ils ont à leur bord des équipages
deux ou trois fois plus nombreux que ceux d'un
bâtiment de guerre ordinaire, ils tâchent de manœuvrer pour vous accrocher. Il faut alors manœuvrer à votre tour pour les tenir sous le vent
à demi-portée de vos canons ; vous les aurez
bientôt réduits ou mis dans une position fâcheuse s'ils veulent s'obstiner à combattre.

On trouve dans un examen rapide, sur la
décadence de notre marine militaire, publié
pendant le temps de nos dernières guerres,
que le gouvernement, désespérant de triompher
des escadres anglaises en bataille rangée, avait
résolu de livrer à des armateurs particuliers les
frégates de l'état pour être armées en course
et aller dévaster le commerce de l'ennemi. C'était
sans doute et ce sera toujours le vrai moyen
d'entraver et de diminuer les ressources d'une
nation commerçante et manufacturière ; mais
cette sage détermination, dictée par un esprit
de vrai patriotisme et peu favorable au corps des
officiers de vaisseau, trouva des détracteurs in-
téressés qui s'opposèrent à son exécution. On
alléguait contre elle que les corsaires finissaient
presque tous par devenir la proie de l'ennemi ;
cette assertion pouvait être fondée. En exami-

nant avec attention les armements et les qualités de ces corsaires, on voit que la plupart ne sont que de chétifs bâtimens qui portent ordinairement depuis une jusqu'à dix pièces de canon de 4 ou de 6 ; quelques-uns en portent jusqu'à 20, et très-peu au-dessus de cette quantité. Leurs équipages sont composés en grande partie de marins étrangers, souvent même le nombre des hommes qui les montent n'est pas proportionné à la quantité ni au calibre des canons; quelquefois, l'économie parcimonieuse des armateurs prive ces sortes d'armemens des munitions et des moyens nécessaires pour faire une vigoureuse défense, et ce, sous le prétexte qu'on trouvera des ressources dans les prises qu'on sera dans le cas de faire. Les *Privateri* anglais ne diffèrent guères en cela des corsaires français. Tout marin éclairé et tout officier commandant un brick, une corvette ou tout autre bâtiment de l'état, complètement armé de canons et monté par des marins du pays, conviendra qu'il n'est pas bien difficile de s'emparer de pareils corsaires quand on parvient à les joindre ; il est pourtant hors de doute que si au lieu de ces chétifs bâtiments, l'on avait à faire à des frégates complètement armées avec le nombre d'hommes suffisant pour une bonne croisière, et commandées par des hommes de mer et par de vrais marins , de tels corsaires tomberaient difficilement au pouvoir de l'ennemi.

Des officiers qui ont de l'expérience ont pensé qu'à défaut de manœuvre on pourrait affaiblir les avantages des meilleures positions de l'ennemi , en lui opposant des bâtiments à poupe ronde , dans l'espoir que les équipages seraient préservés d'une enfilade meurtrière : cela est vrai ; parce que les projectiles trouvant plus de résistance sur le plein bois arrondi du segment de cercle qui forme le contour de la hanche de l'arrière , que sur les surfaces plates et dégarnies des poupes ordinaires , doivent s'amortir ou se détourner en ricochet hors du bâtiment. Ce contour opposant , selon la force du bâtiment , deux ou trois ou plusieurs pièces de canon à l'ennemi , dans une chasse ou dans un combat , peut l'inquiéter de manière à l'obliger de changer de position. Nos ingénieurs constructeurs , empressés de contribuer à tout ce qui donne du succès à la marine royale , sont parvenus à construire des corvettes et de fortes frégates à poupe arrondie ; mais les Anglais , qui ne sont jamais en arrière dans les progrès de la marine , reconnaissant à leur tour que les vaisseaux doivent présenter de la résistance sur tous les points , ont aussi construit à poupes rondes des vaisseaux à trois ponts qui semblent devoir être inabordables. Cependant , ce genre d'encastillage pour l'arrière des bâtiments de guerre , qui paraît être fort avantageux pour les gros vaisseaux de ligne , pourrait bien ne pas l'être autant pour des bâtiments de moindre force , si l'on considère que le salut d'un bâtiment ou le succès d'un combat dépend moins de la mortalité des hommes que de la conservation de la mâture et des agrès. Aussi lorsqu'un officier manœuvre dans l'intention de combattre par la hanche d'un bâtiment ennemi , c'est le plus souvent pour serrer la distance entre les mâts , afin que les projectiles soient mieux à portée de les atteindre ; un ou deux canons qu'on lui oppose ne sauraient lui faire abandonner sa position , si par une habileté de manœuvre vous ne le ramenez par le travers de votre vaisseau , ou vous ne reprenez vous-même la sienne. Malgré toute la confiance qu'on puisse avoir dans un bâtiment à poupe ronde , pour soutenir une enfilade , on ne doit pas négliger de manœuvrer pour en éviter les effets. L'exé-

cution d'une manœuvre faite à propos, soutenue d'ailleurs par la direction du tir , vous
donne souvent l'avantage ou vous fait sortir
d'un mauvais pas. L'on sait que lorsqu'on parvient à démâter un bâtiment ou à l'endommager
sérieusement dans ses agrès et dans sa voilure ,
il doit être bientôt réduit par l'impossibilité de
manœuvrer. Au contraire , celui qui a ses agrès
et sa mâture toujours en bon état, prend la position la plus avantageuse pour combattre , ou
se tire d'affaire malgré le nombre de morts qu'il
peut avoir à son bord.

Enfin , malgré les résultats connus jusqu'à ce
jour de diverses batailles rangées , livrées soit
au vent soit sous le vent de l'ennemi, l'on n'ose
décider encore quelle est la position qui offre
les chances les plus favorables. On peut néanmoins émettre l'opinion que l'avantage reste
souvent à celui qui manœuvre avec le plus de
précision et d'audace pour aller attaquer. Au
reste , tout officier doit savoir que l'armée sous
le vent se sert plus efficacement de ses batteries
du côté du vent , parce que les boulets portent
plus fréquemment dans la mâture et les agrès
des vaisseaux ennemis. Ces bâtiments désemparés ont la facilité de sortir de la ligne et de

se réparer presque sans risque. Elle peut s'emparer des vaisseaux ennemis dégréés ou démâtés qui dérivent sous le vent sans pouvoir être secourus ; enfin, elle peut se retirer du combat quand elle le veut. L'armée du vent est aussi maîtresse d'attaquer et de couper même un nombre de vaisseaux qu'elle voudrait séparer de l'armée ennemie, si celle-ci n'évolue pas pour faire avorter ce plan souvent décisif pour celui qui l'exécute ; elle n'est pas inquiétée par la fumée ni par le risque du feu qui ne laisse pas que d'exiger beaucoup de surveillance quand on combat sous le vent de l'ennemi.

A la suite de ce chapitre, il sera posé quelques principes puisés dans un auteur anglais sur la tactique navale. Puissent-ils être de quelque utilité aux officiers que l'amour et la gloire de leur pays appellent dans la pénible carrière de la navigation et des combats sur mer.

CHAPITRE XII.

Principes généraux sur les combats entre les armées navales.

Un amiral ou général de mer qui dispose ses forces de manière à ce qu'aucune division de son armée ne puisse être attaquée sans que le reste ne soit prêt à lui porter secours, a pourvu par-là non-seulement aux moyens d'empêcher une défaite, mais même il a fait un premier pas vers la victoire.

Dans le cas contraire, si un amiral a disposé ses forces de manière à ce qu'une division de son armée puisse être attaquée par un ennemi supérieur en force, sans qu'aucune partie ou le reste de son armée ait les moyens de lui porter secours, cette armée sera battue.

Un général de mer qui conduit ses forces et attaque une division de l'armée ennemie avec une grande supériorité et de manière à ce que la division attaquée ne puisse être secourue, a non-seulement dans ce cas fait le premier pas vers la victoire, mais encore il s'assure la retraite, si elle lui devient nécessaire.

Dans le cas contraire, si un amiral allant attaquer l'ennemi, dispose ses forces de manière que quelque division de son armée ne puisse pas être facilement secourue, et puisse se trouver exposée à l'ennemi supérieur en force, et à recevoir plus de boulets qu'elle n'en peut riposter, une telle armée sera nécessairement mise en déroute.

Ces principes ne peuvent être méconnus d'un amiral qui aura l'habitude de commander des escadres et de les faire évoluer en présence de l'ennemi ; mais si, au moment où cet amiral fait signal à une division de son armée de venir renforcer le point de la ligne de bataille qui est ou qui va être attaquée, ses ordres sont méconnus et restent sans exécution, quel est l'amiral, quelque brave, quelque expérimenté qu'il soit, qui peut répondre des résultats fâcheux qu'amène naturellement l'inexécution de ses ordres. C'est surtout dans nos dernières guerres maritimes que l'esprit d'insubordination a prévalu d'une manière funeste parmi nos officiers

de la marine ; et si lors de la première défection
qui a causé soit la prise d'une frégate, soit celle
d'un amiral et la déroute de son armée, les conseils de guerre eussent été convoqués pour examiner la conduite des officiers avec une impar-
tialité scrupuleuse et sévère, et que le glaive de
la loi eut fait justice des coupables, l'on n'aurait
pas eu le malheur de voir se reproduire ces
actes d'indiscipline, ces inexécutions d'ordres,
dont les effets ont puissamment contribué à la
décadence de notre marine.

Pour éviter, autant qu'il est possible, qu'un
amiral et son pavillon soient compromis par
la mauvaise volonté des capitaines, et pour qu'il
puisse juger convenablement des divers accidents
qui ont lieu pendant l'action, le gouvernement
avait bien décrété que l'amiral passerait à bord
d'une frégate le jour d'un combat ; mais cette
mesure, quoique très-avantageuse, pouvant ne
pas être d'accord avec une délicatesse trop susceptible ou mal entendue de la part des officiers, ou pouvant être contrariée par l'intempérie du temps au moment de l'apparition de
l'ennemi, on doit penser qu'un amiral, sans
abandonner son vaisseau, ne devrait pas être
tenu de se mettre en ligne, mais de se tenir

en-dehors au vent ou sous le vent, à portée de faire apercevoir ses signaux , de faire exécuter ses ordres et de secourir lui-même au besoin les vaisseaux maltraités. Dans une grande armée, il pourrait former une réserve de deux ou trois vaisseaux les plus forts , avec lesquels il se porterait sur quelque point de la ligne ennemie quand le combat serait engagé : ou s'il combattait sous le vent, il viendrait flanquer le point de sa ligne de bataille que l'ennemi tenterait de traverser. Par ce moyen les capitaines ne pourraient éluder l'exécution de ses ordres qui seraient donnés sans retard , ou qu'il porterait lui-même au besoin s'il s'apercevait de la moindre hésitation ; il protégerait par sa présence et par la réunion de sa réserve les vaisseaux signalés pour exécuter les mouvements relatifs à la situation ou à la position de son armée , ou bien il profiterait avec plus de promptitude des avantages que les chances du combat pourraient lui donner sur l'ennemi. On ne prétend pas néanmoins donner ici des avis , on émet seulement une opinion que l'on peut discuter et rejetter si elle n'est pas dans le cas d'offrir aux amiraux des avantages analogues à ceux que trouvent les lieutenants-généraux dans le poste qu'ils choisissent dans l'armée de terre le jour d'une bataille.

Nous sommes heureux de pouvoir couronner ces principes généraux sur les combats entre les armées navales, par l'admirable ordre général que le célèbre amiral Nelson transmit, le 10 octobre 1805, aux commandants des vaisseaux de son escadre, avant de livrer le combat de Trafalgar. Ces instructions sont le plus beau modèle de conduite dans les batailles navales, que l'on puisse offrir aux marins. Malheur aux généraux de mer et aux capitaines de vaisseau qui ne sauraient les comprendre, les apprécier, ni en faire une habile application. Les fastes maritimes n'ont jamais produit rien d'aussi important en théorie supérieure, comme en grands résultats.

MÉMORANDUM.

À bord du VICTORY, devant Cadix,
le 10 octobre 1805.

Pensant qu'il est presque impossible de conduire au combat une flotte de quarante vaisseaux de ligne avec des vents variables, par un temps brumeux et dans d'autres circonstances qui peuvent se présenter , sans une perte de temps telle qu'on laisserait probablement échapper l'occasion d'engager l'ennemi de manière à rendre l'affaire décisive , j'ai résolu de tenir la flotte (à l'exception des vaisseaux de commandant en chef et de commandant en second) dans une position à ce que l'ordre de marche soit aussi l'ordre de bataille ; j'y parviens en rangeant la flotte sur deux colonnes de seize vaisseaux chacune , et composant une escadre avancée de huit des vaisseaux à deux ponts les plus fins voiliers, ce qui pourra toujours former au besoin une ligne de vingt-quatre vaisseaux , avec celle des deux colonnes que le commandant en chef voudra. Le commandant en second , après que je lui aurai fait connaître mes intentions , aura la direction absolue de sa colonne, pour commencer l'attaque sur les vaisseaux ennemis et la suivre jusqu'à ce qu'ils soient pris ou détruits.

Si l'on découvre la flotte de l'ennemi au vent en ligne de bataille , et que les deux colonnes et l'escadre avancée puissent atteindre cette ligne, elle *sera probablement si étendue , que la tête ne pourrait secourir la queue.* En conséquence je ferai vraisemblablement signal au commandant en second d'y pénétrer vers le douzième vaisseau à partir de la queue (ou partout où il pourra l'atteindre, s'il ne peut parvenir jusque là) ; ma colonne pénétrera vers le centre, et l'escadre avancée à deux, trois ou quatre vaisseaux en avant du centre, de manière à être sûre d'atteindre le vaisseau du commandant en chef de la flotte ennemie, qu'on doit faire tous ses efforts pour capturer. Le but général de la flotte britannique doit être de réduire tous les vaisseaux ennemis, depuis le second ou le troisième en avant du commandant en chef (supposé au centre) jusqu'à la queue de la ligne. Je suppose ainsi que vingt vaisseaux de la ligne ennemie n'auront pas été attaqués ; *mais il s'écoulera du temps avant qu'ils puissent faire une manœuvre qui les amène à pouvoir attaquer une partie de le flotte britannique, ou à secourir leurs compagnons,* ce qui même serait impossible, sans se mêler avec les vaisseaux engagés. Je suppose que la flotte ennemie compte quarante-six vaisseaux de ligne, la nôtre quarante : si elles en ont moins, un nombre proportionné de vaisseaux de la ligne ennemie sera coupé ; mais les vaisseaux anglais doivent être d'un quart plus nombreux que les vaisseaux ennemis coupés.

(3o2)

Il faut laisser quelque chose au hasard ; rien n'est sûr dans un combat naval, par-dessus tout autre ; les boulets emporteront aussi bien les mâts et les vergues de nos vaisseaux que ceux des vaisseaux ennemis ; mais *j'ai la confiance d'obtenir la victoire, avant que l'avant-garde de l'ennemi puisse secourir son arrière-garde*, et, dans ce cas, la flotte britannique serait prête à recevoir les vingt vaisseaux ennemis intacts, ou à les poursuivre s'ils tentaient de s'échapper. Si l'avant-garde de l'ennemi vire vent devant, les vaisseaux capturés devront passer sous le vent de la flotte britannique ; si l'ennemi vire vent arrière, la flotte britannique devra se placer entre l'ennemi et les vaisseaux qu'elle aura pris et ses propres vaisseaux désemparés ; si l'ennemi s'approche alors, je suis sans crainte sur le résultat.

Dans tous les cas possibles, le commandant en second dirigera les mouvements de sa colonne en la tenant dans un ordre aussi serré que les circonstances le permettront. Les capitaines doivent regarder leur colonne respective comme le point de leur ralliement ; mais dans le cas où les signaux ne pourront pas être aperçus ou parfaitement compris, *un capitaine ne fera pas de faute s'il place son vaisseau par le travers d'un vaisseau ennemi.*

Ordre de Marche et de Bataille.

Divisions de la flotte anglaise.	Escadre avancée......	8	
	Colonne du vent......	16	40 vais^aux
	Id. de dessous le vent.	16	
	Ligne ennemie...........		46 vais^aux

Les divisions de la flotte britannique seront conduites ensemble jusqu'à environ une portée de canon de la ligne ennemie. Alors le signal sera probablement fait à la colonne de dessous le vent de faire porter et de mettre toutes voiles dehors , même les bonnettes , afin d'atteindre , aussi promptement que possible , la ligne ennemie , et de la couper en commençant au douzième vaisseau , à partir de la queue. Quelques vaisseaux ne pourront peut-être pas couper à l'endroit où il devaient le faire , mais ils seront toujours à même de seconder leurs compagnons. S'il y en a quelques-uns qui se trouvent jetés à la queue de la ligne , ils compléteront la défaite de douze vaisseaux ennemis. Si la flotte ennemie vire vent arrière tout à la fois ou fait

(3o4)

porter pour courir largue , les douze vaisseaux
formant , dans la première position , l'arrière-
garde de l'ennemi , doivent toujours être l'objet
des attaques de la colonne de dessous le vent ,
à moins qu'il n'en soit autrement ordonné par
le commandant en chef , ce à quoi il ne faut
guère s'attendre , parce que la direction absolue
de la colonne de dessous le vent (après que les
intentions du commandant en chef auront été
exprimées), doit être laissée à l'amiral commandant cette colonne. Le reste de la flotte ennemie demeurera en partage au commandant en
chef , qui prendra soin que les mouvements du
commandant en second soient aussi peu troublés
que possible.

NELSON.

CHAPITRE XIII.

Des connaissances utiles à l'officier de marine.

La marine n'est pas seulement une arme, c'est encore un des arts les plus relevés de la société, une de ces savantes professions d'autant plus difficiles à exercer, que l'homme qui a le courage de s'y livrer est toujours dans un état de lutte périlleuse contre les rigueurs des éléments ou les horreurs de la guerre. On ne peut guère assigner de limites à cette immense carrière. Pour la parcourir avec quelque succès, il n'est point de talents et de diversité de connaissances dont elle n'appelle le secours ; il n'est point de genre de dévouement et de sacrifices personnels dont elle n'exige l'utile concours.

C'est la marine qui donne l'impulsion aux principales branches de l'industrie et du commerce ; qui porte les bienfaits de la civilisation à ces peuplades errantes, jetées par le sort sur des rivages lointains ; qui forme une ligne de

communication entre les continents et les îles,
et qui interroge chaque jour, pour l'instruction
du monde, cette sublime harmonie qui règne
entre la terre et les corps lumineux qui décorent
la voûte céleste. C'est encore la marine qui re-
lève la grandeur, la richesse et la puissance des
nations ; elle constitue enfin une profession militaire, la plus périlleuse de celles que l'art de
la guerre a inventées.

Ainsi les officiers de la marine, pour se
rendre dignes de la haute mission de leur état,
ne peuvent demeurer étrangers aux diverses
branches des connaissances humaines. Il n'en
est aucune qui ne rentre essentiellement dans
la nature des honorables devoirs que la patrie et
la société leur imposent. Ils doivent donc avoir
des idées générales sur toutes les sciences et les
arts, et être encore profondément versés dans
les connaissances constitutives de la navigation
et de la guerre. Parmi celles-ci il en est de
spéciales qu'ils ne peuvent se dispenser de cul-
tiver aujourd'hui pour la prospérité de leur arme
et de la France ; telles sont l'artillerie et l'administration. La première est entièrement tombée dans le domaine de la marine, depuis qu'on
n'embarque plus sur les bâtiments du Roi les

corps réguliers d'artillerie. La seconde forme aussi une des attributions principales de l'officier de marine , depuis la création de l'amirauté , des préfectures maritimes et des institutions qui en dépendent.

Sans doute , des officiers de vaisseau , des marins instruits qui présentent les bâtiments au combat , ne doivent pas négliger le service de l'artillerie , d'une arme aussi essentiellement inhérente à la navigation et à la sûreté des mers. Ils seraient les ennemis de leur gloire et de celle de leur patrie , s'ils ne perfectionnaient pas les moyens les plus efficaces pour assurer l'honneur du pavillon français.

Dans tous les temps les canonniers du corps royal de la marine et ceux des classes , ont été des gens d'élite des vaisseaux , soit dans les combats soit pendant les mauvais temps , pour monter au haut des mâts , sur les vergues et pour les manœuvres basses. Ces hommes sont toujours commandés et instruits à tous les exercices de l'artillerie , de l'infanterie et des diverses manœuvres pas les officiers de vaisseau. Ceux-ci ne les perdant jamais de vue , savent distinguer le mérite de chacun d'eux ; souvent ils ne dédaignent pas de se mêler avec les matelots

ni de les aider dans des circonstances difficiles.
Sous l'empire des anciennes ordonnances, et depuis le rétablissement de la marine par Colbert,
sous le règne de Louis XIV , jusque sous le
ministère du maréchal de Castries, les officiers
de vaisseau , comme aujourd'hui , étaient aussi
ceux de l'artillerie ; ce sont eux qui conduisaient
les canonniers aux batteries d'école , qui les
exerçaient sur la place d'armes et défilaient à
leur tête aux revues et à la parade. C'est ainsi
que l'on a vu jadis au port de Toulon les Tru-
guet, les Missiessy , les Barbazan , les Norbek ,
les Vialis , les Devenel , remplir à la fois les
fonctions d'officiers de vaisseau , d'artillerie ,
de fantassins et de bombardiers. Un des Missiessy fut tué à bord de la galiote à bombes
l'ETNA , devant les batteries de Bizerta qu'il
bombardait ; M. de Norbek eut un bras emporté
par l'explosion de la chambre d'un mortier devant le polygone , en voulant trop tôt connaître
la cause qui s'opposait au départ de la bombe.
L'on remarquait à cette époque que les Français,
dans les divers combats soutenus ou livrés sur
mer , envoyaient cinq coups de canon , lorsque
l'ennemi n'en ripostait que trois ; mais cet avantage passa du côté des Anglais , toujours prompts

à nous gagner de vîtesse, lorsque , sous l'administration du maréchal de Castries et dans des
temps postérieurs , on eut enlevé aux officiers
de marine la direction de l'artillerie , sur le motif qui fallait leur donner plus de temps et de
moyens de s'instruire dans les sciences nautiques. Cette innovation fut la source des plus graves inconvéniens. La discipline des vaisseaux en
fut troublée , et l'union et l'accord qui régnaient
entre les soldats marins et les matelots furent
rompus. Heureusement que ce vicieux état de
choses a fait place à de nouvelles institutions
qui , en conservant ce que les anciennes avaient
de bon et y ajoutant les inventions modernes ,
les ont ainsi améliorées. Dans les campagnes
maritimes , l'intérêt d'une expédition commande
le plus souvent qu'on dresse des batteries à
terre ; c'est alors que l'officier de la marine, versé
dans l'art de l'artillerie , pourra faire exécuter
les travaux d'une manière plus efficace. Si lors
du combat d'Aboukir , on eut su mieux disposer
les fortifications qu'on fût obligé d'élever sur l'î-
lot, peut-être que cette désastreuse bataille aurait
eu une meilleure destinée.

Une des connaissances non moins utiles aux
officiers éclairés de la marine , est celle de l'ad-

ministration des ports et des arsenaux. Destinés par leurs fonctions à connaître de tout ce qui a trait au personnel et au matériel de la marine, ils ne doivent pas ignorer les éléments et les règles qui font mouvoir les divers services maritimes, et qui enseignent le meilleur mode d'emploi et de conservation des munitions navales. Chez les divers peuples qui entretiennent une armée sur mer, l'administration supérieure en a été le plus souvent confiée à des officiers militaires. En France, lorsque le célèbre Colbert fit sortir notre marine du cahos, il en remit la direction à des marins consommés dans l'art de la navigation et des armements en course ; ceux-ci ne tardèrent pas à devenir les administrateurs des diverses opérations relatives à la construction et à l'armement des vaisseaux du Roi. Les mémoires de ce temps et les remontrances qui furent faites par M. Blouin, premier commis au ministère, contre l'ordonnance organique de 1776, apprennent que le fameux Duquesne, les Vauvré, les Desclonzeaux, les Mauclers et plusieurs autres officiers, furent tirés des corps militaires pour servir dans les administrations. Ils ne dédaignèrent pas de remplir leurs nouvelles fonctions avec autant de zèle que de savoir. C'est ainsi que l'on voit, dans le département de la guerre, les intendants et les inspecteurs aux revues être également choisis dans la classe de ces braves qui sont l'honneur de leur patrie.

Lorsque Pierre-le-Grand, reconnaissant le besoin de créer une marine pour hâter la civilisation et la puissance de son empire, vint en apprendre lui-même les éléments dans les chantiers de la Hollande, ce furent des marins qui lui indiquèrent les moyens et de fonder ses ports et ses arsenaux, et de les bien administrer.

Après que le gouvernement consulaire eut annéanti l'anarchie révolutionnaire et redonné à la France les bienfaits du bon ordre et de la félicité publique, il reconnut la nécessité de réparer aussi ses désastres maritimes. Pour parvenir à cet heureux résultat, on sentit qu'il fallait confier l'administration supérieure des ports et arsenaux à des officiers de la marine, et la création des préfectures fut une grande institution qui satisfit à tous les vœux et les besoins de l'armée navale. Sous leur direction, nos chantiers reprirent une vie et une activité nouvelles ; nos ports se remplirent de nombreux et magnifiques vaisseaux, et des équipages imposants furent bientôt formés et mis en état de manœuvrer et de bien défendre nos flottes, nos côtes et nos convois maritimes. On n'a pas oublié, au port de Toulon, qu'une grande partie de ces avantages était le fruit de l'habile, savante et active administration de M. le comte Emériau, vice-amiral, préfet maritime.

Enfin, depuis que par la création de l'amirauté, par la nomination des officiers de marine aux gouvernements des colonies, le rétablissement des préfectures maritimes dans les principaux ports de France et de quelques autres institutions, les fonctions administratives supérieures du département de la marine, sont remises aux officiers de l'armée navale, il paraît indispensable qu'ils se livrent aux études spéciales de toutes les branches de cette administration importante.

A la faveur des connaissances qu'ils auront acquises, des talents et de l'habileté qu'ils déploieront dans les postes administratifs qui leur seront confiés, ils augmenteront la puissance et la prospérité de la marine, et donneront un nouveau lustre à la gloire du nom français. Naguère de beaux modèles vivants se sont offerts à nos jeunes officiers dans la personne du vice-amiral Jacob, préfet maritime à Toulon, et du contre-

amiral Halgan, directeur du personnel au ministère de la marine, qui ont développé les ressources
des plus actifs et des plus savants administrateurs
à l'occasion des expéditions du Levant, d'Alger
et de la Morée. La glorieuse conduite du vice-
amiral de Rigny, qui, dans peu d'années, s'est
élevé au premier rang de nos braves et excellents
amiraux et de nos meilleurs diplomates, démontre aussi que les plus grands intérêts de l'état
peuvent être habilement traités par les officiers
de la marine royale.

CHAPITRE XIV.

Guerre maritime d'Espagne en 1823.—Attaque de l'île Verte et de Tariffa. — Prise du fort Santi-Petri. — Bombardement de Cadix.

La chute de l'empire de Napoléon devint, en 1814, le signal de la paix générale. L'Europe, long-temps désolée par des guerres d'extermination, en accepta l'immense bienfait avec tous les transports de l'enthousiasme et de la reconnaissance. Ce nouvel ordre de choses, cimenté par de solides traités d'alliance entre le nouveau souverain de la France et les autres cabinets des grandes puissances, dut amener d'importantes réformes dans toutes les branches du service militaire de notre gouvernement. La marine paya son tribut à cette impérieuse nécessité des circonstances. Ses nombreux et imposants vaisseaux mis en état de désarmement, rentrèrent dans nos ports ; le cadre de ses officiers éprouva de douloureuses mutilations, et le licenciement de ses équipages fut presque général ; aussi notre armée navale semblait devoir être, pendant long-temps, condamnée à un état de désolante nullité. Heureusement que le génie protecteur de la France ne permet pas qu'elle descende jamais de son illustration. Les officiers de la marine conservés en état d'activité, surent profiter habilement des loisirs de la paix pour agrandir le domaine des connaissances nautiques, et bientôt renforcés par des élèves sortis des écoles de navigation, pleins d'instruction et de bravoure, ils n'ont pas tardé de relever l'éclat de nos forces navales. De-là une nouvelle ère s'est annoncée sous les plus brillants auspices pour la marine royale. Elle date de la guerre d'Espagne en 1823.

Notre puissance maritime, à cette époque, fut naturellement appelée à concourir aux opérations de l'armée française, soit pour l'occupation de la Péninsule, soit pour affranchir Ferdinand VII du système constitutionnel des Cortès, soit pour le replacer au pouvoir monarchique absolu [1]. Deux

---

1. Les Espagnols n'ont pas vu reparaître avec plaisir les moines et les jésuites dominant en Espagne et conseillant à Ferdinand VII, par leur organe Victor Saëz, le décret du port Sainte-Marie, si funeste aux mesures financières de ce pays.

Si au lieu de protéger le système de la *Camarilla*, on eut fait exécuter franchement les intentions de l'auteur de l'ordonnance d'Andujar, la trop malheureuse Espagne n'aurait point montré à l'Europe le spectacle douloureux de voir ses plus illustres citoyens, aujourd'hui proscrits et errants sur les terres étrangères.

escadres françaises , formées de plusieurs vaisseaux de ligne , frégates, corvettes, bricks et canonnières, furent armées comme par enchantement.

La première , sous le commandement du contre-amiral Hamelin [1], avait reçu l'ordre de manœuvrer dans l'océan. Elle fournit d'abord divers
bâtiments sur les parages de la Biscaye , des
Asturies et de la Galice , pour appuyer les opérations de l'armée de terre dans ces provinces ,
et bloqua en outre les petits ports qui étaient
encore demeurés au pouvoir des constitutionnels.
Le général Hamelin se retira ensuite dans la baie
de Cadix. Frappé de maladie avant le bombardement de cette place , qu'il avait préparé , il fut
remplacé dans son service par l'amiral Duperré.

La seconde , sous les ordres du contre-amiral

---

1. Le baron Hamelin a été long-temps major-général
au port de Toulon ; son départ fut le signal du mécon-
tentement général , tant il se fesait aimer de tous ceux
qui l'approchaient. Sa conscience ne connut que le devoir et ne prit jamais pour modèle les caméléons qui
se plient selon les circonstances. Toujours le même ,
obligeant sans distinction le pauvre comme le riche ;
savant et modeste , sa passion dominante était l'étude
du grec et la culture des plantes.

des Rotours, reçut la mission d'explorer les côtes de la Catalogne, de Murcie et de Grenade, jusqu'au détroit de Gibraltar ; elle était aussi destinée à concourir aux travaux du siége de Cadix.

Ces deux divisions rendirent d'importants services dans cette expédition. La prise de l'île Verte, de Tariffa, du fort Santi-Petri, le bombardement et la capitulation de Cadix, tels furent les honorables trophées de notre armée navale ; la valeur et l'habileté de ses officiers et de ses équipages, en rappelant les beaux jours de gloire de la marine française, annoncèrent aussi le brillant avenir de sa nouvelle prospérité, et la célèbre victoire de Navarin n'a pas tardé d'appeler notre puissance navale au partage du sceptre maritime des deux mondes.

La relation de ces événements remarquables a été heureusement présentée dans les rapports officiels qui ont été publiés. Nous ne pouvons en offrir qu'une analyse succincte ; nos lecteurs pourront consulter ces documents dans les sources où nous les avons puisés.

Prise de l'île Verte.

M. Lemarant, capitaine de vaisseau, commandant la GUERRIÈRE, annonçait à l'amiral commandant la division navale, le 15 août 1823, qu'étant entré dans la baie d'Algésiras le 13, vers les trois heures de l'après-midi , il avait saisi un temps favorable pour faire l'attaque de l'île Verte, qui commande le port , et qu'il s'y était porté de suite avec la GUERRIÈRE et la GALATÉE. A quatre heures, ces frégates étaient mouillées et embossées dans une telle position, que toutes les pièces portaient. Le feu commença alors et continua sans interruption jusqu'à six heures et demie ; l'île Verte était couverte de boulets et des débris des établissements qu'ils avaient démolis. Les deux frégates tirèrent plus de deux mille coups de canon. Le lendemain matin le général Lauriston prit possession de la ville d'Algésiras ; et l'île Verte, où étaient réfugiées les troupes constitutionnelles, traita de sa reddition.

« Je ne puis, écrivait M. Lemarant, que donner « des éloges à tous les officiers , élèves de la « marine et marins embarqués sur la GUERRIÈRE. « Ils ont tous rivalisé d'ardeur et d'enthousiasme « pendant l'action. Ils étaient excités à la fois « par le désir de montrer leur dévouement au « Roi , et par le souvenir de la gloire acquise « par la marine française dans les mêmes pa- « rages ».

(Voir ce rapport dans l'Histoire de la guerre d'Espagne, 1 vol. in-18 , pag. 367).

Attaque et prise du Fort Santi-Petri.

M. le contre-amiral des Rotours fit connaître à l'amiral commandant en chef les forces navales, le 25 septembre 1823, que le matin, au point du jour, les vents étant à l'E., joli frais, , il avait donné l'ordre aux vaisseaux le CENTAURE et le TRIDENT, et à la frégate la GUERRIÈRE, d'appareiller, dans le dessein d'attaquer le fort Santi-Petri. A sept heures la division était sous voiles, courant bâbord amures, ayant en tête la corvette l'ISIS, chargée de sonder devant elle à distance de pouvoir signaler le brassiage, pour que les bâtiments pussent passer à terre du banc des rochers nommé le *Juan-Bella*. Cet ordre fut très-bien exécuté, et la division s'approcha ainsi de la terre au N. de Santi-Petri.

Après, tous les mouvements nécessaires pour placer les bâtiments qui ne purent prendre le poste assigné furent exécutés. Contrarié par le vent et les courants, le vaisseau le TRIDENT s'étant embossé à une encâblure du CENTAURE, commença le feu, recevant celui d'une batterie de l'île de Léon et d'une batterie de Santi-Petri, qui tiraient également sur la goëlette le SANTO-CHRISTO qui n'en était qu'à un quart de portée. La GUERRIÈRE en serre-file s'embossa à une encâblure et demie, sous le vent du CENTAURE, presque par son travers. Dans cette position, elle commença son feu, mais comme il n'atteignait pas le fort, et que les boulets du TRIDENT ne le dépassaient pas assez, ce dernier bâtiment reçut ordre de reprendre poste à poupe du CENTAURE et la GUERRIÈRE devant lui.

Il était trois heures et demie. Le CENTAURE combattait depuis une heure et quart ; le fort de de Santi-Petri ne ripostait plus qu'à de longs intervalles ; l'assaut allait être tenté, quand à trois heures et demie il arbora le pavillon blanc.

(Voir ce rapport entier dans le Moniteur du 30 septembre 1823, n° 273).

Bombardement de Cadix.

Il résulte du rapport de M. l'amiral Duperré, en date du 23 septembre 1823, au ministre de la marine, que sept bombardes françaises, trois espagnoles et cinq obusières, avaient été établies en-dedans de la portée du canon, à 800 toises environ de la place. L'ordre de cesser le feu ne fut donné que lorsque le vent qui fraîchissait du S.-O. et la mer qui s'élevait, mit la flottille dans l'impossibilité de continuer. Deux cents bombes environ et quelques obus furent lancés sur la place. L'attaque fut faite avec ardeur. Tous les forts et batteries de Cadix, appuyés d'une division de vingt grandes canonnières ennemies, y répondaient. Une bombarde fut atteinte par le feu de l'ennemi, et un canot du vaisseau le COLOSSE fut percé par un boulet qui lui tua deux hommes.

(On peut lire ce rapport dans l'Histoire de la guerre d'Espagne, 1 vol. in-18, p. 378, et dans le Moniteur du 5 octobre 1823, n° 278).

Un rapport de M. Bellanger, lieutenant de vaisseau, donne aussi le détail de la brillante affaire du bombardement de Cadix. On y remarque qu'après avoir fait l'éloge de tous les officiers, élèves et marins des bâtiments de la flottille, il cite particulièrement M. Dubourdieu, qui n'a cessé de montrer du sang-froid, du courage, de l'ardeur, de la gaîté même, pendant les trois heures et demie qu'il a été exposé aux boulets, bombes et obus de l'ennemi. Sa conduite, dit M. Bellanger, m'a semblé au-dessus de tout éloge , et la marine française retrouvera dans cet élève les grandes qualités du brave capitaine Dubourdieu, son père. Il cite aussi MM. Blanc , Pomonti , Billette , qui, dans le fort de l'action , ayant besoin de changer la place d'une de ses ancres , s'est jeté dans sa frêle embarcation , et suivi de quatre de ses braves , a été faire lui-même cette opération. Les noms de plusieurs autres officiers se trouvent encore mentionnés dans ce rapport d'une manière honorable.

(On peut consulter le Moniteur du 11 octobre 1823 , n° 284).

Liste nominative des Officiers , Mariniers et Marins qui ont été particulièrement mentionnés dans les bulletins officiels de la campagne de 1823.

Reddition d'Algésiras et de l'île Verte (14 Août).

Le Maraut, capitaine de vaisseau , commandant la frégate *la Guerrière ;* Drouault *idem ,* commandant la frégate *la Galathée.*

Affaire du Trocadero (31 août).

Le Marant-Kerdaniel , lieutenant de vaisseau commandant la canonnière-brick *la Lilloise.*

Attaque et reddition du fort Santi-Petri
(20 septembre).

Vaisseau le Centaure. —Des Rotours , contre-amiral ; Pouée , capitaine-commandant ; Lainé , du Demaine , capitaines de frégate ; Lemaître , Kerdraint , Thibaul , Hervieux , Clément , Duponchés , Barthelemi , lieutenants de vaisseau ; Marchand , Bermont , enseignes ; Thevenard , capitaine d'artillerie de marine ; Fenoux , sous-lieutenant , *idem ;* Simon , maître d'équipage ; Bryot , maître de timonnerie ; Menager , Anot , Perdrix , canonniers ; Hellogo , chirurgien-major. — Boniface , capitaine de vaisseau , commandant la corvette *l'Isis* ; Braud , lieutenant de vaisseau , embarqué sur la frégate *la Cybèle* ; Trotel , *idem ,* embarqué sur la goëlette *le Santo-Christo.*

Bombardement de Cadix (23 septembre).

Dupéré , contre-amiral ; Longueville , capitaine de frégate, commandant le bombardement ; Revel de Betteville , de Purchrédon , Bellanger , Estelle , Dagorne , lieutenants de vaisseau ; Beauzée , enseigne de vaisseau ; Dubourdieu , Pomonti , Montfort , Boscal de Reals , Billette , Blanc , élèves de marine , commandant des canonnières ; Pignatelli , patron du canot du vaisseau *le Colosse ;* Gueyrard , agent comptable de la flottille ; Gachet , caporal d'artillerie de marine ; Binet , matelot (tué) ; Rivoallaut chirurgien de la marine.

ÉTAT *des forces navales françaises employées à la guerre d'Espagne de 1823.*

NOMS ET RANGS DES BATIMENTS.	LIEUX DE STATION.
Le Centaure, vaisseau de ligne de 80 canons............	Devant Cadix.
Le Colosse, de 74.........	*Ibid.*
Le Trident, *idem*..........	*Ibid.*
La Guerrière, f. portant du 36	Algésiras et Cadix.
La Vénus *idem*, portant du 24	Cadix.
La Marie-Thérèse, *idem*....	Barcelone.
L'Hermione, *id.* portant du 18	Cadix.
La Néréide, *idem*..........	La Corogne, puis Cadix.
La Fleur-de-lis, *idem*.......	Barcelone, puis Cadix.
L'Antigone, *idem*..........	Cadix.
La Thémis, *idem*.........	La Corogne, puis Cadix.
L'Euridice, *idem*..........	Cadix.
La Galathée, *idem*.........	Algésiras et Cadix.
La Cybèle, *idem*..........	Cadix.
La Magicienne, *idem*.......	La Corogne, puis Cadix.
La Junon, *idem*...........	Barcelone.
L'Égerie, corvette de guerre.	La Corogne, puis Cadix.
L'Isis, *idem*.............	Cadix.
L'Hébé, *idem*............	Côte de la Biscaye.
La Sylphide, *idem*.........	La Corogne, puis Cadix.
La Bayadère, *idem*........	Cadix.
La Victorieuse, *idem*.......	Barcelone.
La Moselle, corvette de chasse	Cadix.
L'Arriège, *idem*...........	Barcelone.
Le Tarse, *idem*...........	La Corogne.
Le Curieux, brick..........	*Ibid.*
Le Rusé, *idem*............	Cadix.
L'Euriale, *idem*...........	Côte de la Biscaye.
Le Cuirassier, *idem*........	Barcelone.
Le Dragon, *idem*..........	Barcelone, puis Cadix.
Le Zèbre, *idem*...........	Cadix.

NOMS ET RANGS DES BATIMENTS.	LIEUX DE STATION.
Le Faune , brick...............	Barcelone.
La Gazelle , goëlette-brick...	*Ibid.*
L'Antelope , *idem*..........	Cadix.
La Torche , *idem*...........	Barcelone.
Le Linx , brick-aviso.......	Cadix.
La Provençale , goëlette.....	Côte de la Biscaye.
La Topaze , *idem*..........	La Corogne.
L'Emeraude , *idem*........	Côte de la Biscaye.
L'Artésienne , *idem*........	Cadix.
La Dauphinoise , *idem*......	*Ibid.*
L'Astrolabe , *idem*.........	Côtes de la Biscaye.
La Recherche , *idem*.......	*Ibid.*
Le Momus , *idem*...........	Barcelone.
L'Etoile , *idem*........	*Ibid.*
La Jacinthe , *idem*.........	*Ibid.*
La Jonquille , *idem*........	*Ibid.*
La Mésange , *idem*..........	*Ibid.*
La Toulonnaise , *idem*	*Ibid.*
L'Anémone , *idem*.........	Côtes de la Biscaye.
La Rose , *idem*.............	*Ibid.*
Le Levrier , *idem*	Barcelone.
L'Alsacienne , canon.-brick..	Côte de la Biscaye.
La Bressane . *idem*........	*Ibid.*
La Malouine , *idem*........	*Ibid.*
La Lilloise , *idem*..........	Cadix.
La Grenade , canonnière....	Barcelone.
La Surveillante , *idem*......	*Ibid.*
La Prudente , gabare.......	Cadix.
La Zélée , *idem*............	Cadix.
Le Chameau , *idem*........	*Ibid.*
La Bretonne , *idem*........	*Ibid.*
Le Marsouin , *idem*.......	La Corogne, puis Cadix.
La Panthère , *idem*........	La Corogne.
L'Isère , *idem*.............	Côtes de la Biscaye.
La Lamproie , *idem*........	Cadix.
Le Dromadaire , transport..	Barcelone.

CHAPITRE XV.

Relation du combat de Navarin.

Après avoir épuisé le funèbre récit des batailles navales, pendant lesquelles la France a soutenu la plus courageuse lutte contre l'Angleterre, il est consolant de pouvoir retracer des événements d'un ordre plus conforme aux besoins de l'humanité et de l'intérêt des peuples. A la gloire du nom français portée à son plus haut période d'illustration, à l'agrandissement de son territoire devenu trop colossal en Europe, à des victoires prodigieuses, sans exemple dans l'histoire et sans cesse renaissantes, devaient succéder des désastres non moins extraordinaires. Enfin, le grand empire s'écroula, tout épuisé qu'il était de l'abus de la fortune qui l'avait élevé, du sang trop versé de ses braves, de la ruine de ses finances, ainsi que des malheurs publics inséparables de la grande révolution qui l'avait précédé et de la longue série de ses guerres sans fin, les plus meurtrières qu'on lise dans les annales des peuples. Mais heureusement que du sein de ses illustres ruines est apparu, pour reconstruire l'édifice de la France nouvelle, ce Roi législateur, digne fils de St-Louis, d'Henri IV et de Louis-le-Grand, qui offrit à l'univers l'auguste spectacle et de rendre la paix au monde et de garantir à son peuple le code de ses libertés. C'est sous son règne immortel, dont le plan d'administration a été habilement suivi par son successeur, que se sont réveillés tous les sentiments généreux de la France envers les peuples infortunés gémissant sous le poids accablant d'un barbare esclavage. C'est principalement aux Hellènes que ces honorables hommages devaient être décernés en première ligne. Leur brillante origine, leurs grands malheurs produits par une longue et intolérable servitude, leurs héroïques efforts pour s'en affranchir, l'acharnement toujours plus cruel de leurs superbes tyrans, ont disposé les cœurs français à organiser une généreuse croisade pour voler à la conquête de la liberté des Grecs, ou pour la leur acheter par des sacrifices étonnants. Ce noble élan de l'humanité, glorieusement partagé par plusieurs peuples de l'Europe, s'est enfin communiqué jusque dans la politique de leur gouvernement. C'est dans cette situation générale des esprits et des événements qui s'agitaient dans la Grèce, que fut livré le célèbre combat de Navarin, par les escadres française, anglaise et russe combinées, contre l'armée navale turco-égyptienne, sous le commandement d'Ibrahim Pacha. Nous allons en présenter la relation [1].

L'amiral de Rigny ayant fait sortir la division française de l'archipel, nous trouvâmes, le 24 septembre 1827, devant Navarin, l'amiral anglais avec une partie de son escadre. Il était en présence de l'armée navale turco-égyptienne qui, chargée de troupes de débarquement, sortait de ce port sous le commandement d'Ibrahim Pa-

---

1. Cette relation avait été adressée dans le temps à M. de Chabrol, ministre de la marine, qui en parut tellement satisfait, qu'il se proposait de la mettre sous les yeux du Dauphin, lorsque les changements administratifs de 1828 vinrent anéantir ce projet. Une copie de cette relation est tombée en notre pouvoir, et nous croyons faire un vrai plaisir à nos lecteurs en la mettant sous leurs yeux. — Rien n'a encore été publié d'aussi curieux et d'aussi authentique que ces détails attribués à un officier qui se trouvait à bord de la Syrène le jour de la bataille. Malgré le modeste anonyme dont il cherchait à s'envelopper, nous avons su qu'il se nommait M. Masson de Saint-Amand.

cha , dans le but de faire une expédition contre l'île d'Hydra , destinée à devenir , comme Ipsara , le théâtre d'une nouvelle scène de sang et d'extermination.

Les amiraux étant entrés en pourparlers avec Ibrahim , lui signifièrent leur ferme résolution d'empêcher toute hostilité entre les Turcs et les Grecs , et le généralissime turc promit de ne tenter aucune expédition et de tenir sa flotte dans le port jusqu'au 15 octobre, époque à laquelle il devait recevoir une réponse du Grand-Seigneur , relativement à la conduite qu'il aurait à tenir à l'égard des Grecs.

D'après la promesse d'Ibrahim Pacha , les amiraux se séparèrent , laissant chacun une frégate en observation devant Navarin ; la division anglaise se dirigea vers Zante , et la flotte française , faisant route pour entrer dans l'archipel , fut obligée de relâcher à Cervi , le 1er octobre, par suite du fâcheux abordage des vaisseaux le SCIPION et la PROVENCE , dans le moment où ils louvoyaient de nuit , ainsi que le reste de l'escadre , dans l'étroit passage qui sépare Cervi de Cérigo. La PROVENCE avait son beaupré et sa poulaine rompus en-dedans des liures , et le grand mât du SCIPION était fracassé et hors de service. Une commission fut nommée par l'amiral pour aviser aux moyens de réparer ces avaries. Il fut décidé que le Scipion [1], étant le moins maltraité, serait mis le plutôt possible en état de prendre la mer; il prit donc le grand mât de la Provence, qui dut consolider son étrave, établir un grand mât et un beaupré de fortune, et retourner à Toulon pour se réparer complettement.

---

1. Ce vaisseau était le serre-file des derniers vaisseaux anglais. A peine fut-il arrivé à la place qui lui avait été assignée, que le combat le plus opiniâtre s'engagea. Un des sept brûlots égyptiens qui étaient en première ligne, se dirigea sur lui et l'obligea de filer son câble et embraquer son embossure ; malgré ces précautions, son mât de misaine s'engagea dans la civadière du vaisseau, et bientôt le beaupré, ses voiles, son gréement furent en feu. La conservation de ce vaisseau (le Scipion), est dûe au courage héroïque de son équipage, au sang-froid et à la bravoure de ses officiers.

Les hommes du gaillard d'avant, sous les ordres du capitaine de frégate Durbec, contribuèrent beaucoup, par leurs efforts et leur zèle, à sauver ce vaisseau, dont la perte aurait probablement entraîné celle du Trident, de la Syrène et de la Provence, qui étaient à demi-portée de pistolet de lui.

On peut dire ici, sans crainte d'être démenti, que le 2ᵉ équipage et ceux de l'inscription maritime, ont montré tout le dévouement et tout le courage qu'on pouvait attendre des marins français.

L'amiral voulut profiter du départ de ce vaisseau , pour renvoyer en France le détachement d'infanterie marine qu'il avait à bord de la Syrène , et désigna une compagnie de la Provence pour le remplacer. Le 5 octobre cette mutation s'opéra, et l'excédant de cette compagnie , trop nombreux pour la Syrène [1], fut réparti sur l'Armide [2] et l'Alcione. Ce même jour, 5 octobre , l'amiral de Rigny apprit , par les frégates d'observation , qu'au mépris de ses engagements , Ibrahim , sorti de Navarin avec cinquante bâtiments de guerre , tous vaisseaux , frégates et corvettes, s'était dirigé vers Patras , pour tenter une expédition de ce côté. Le 9 octobre , le Scipion étant prêt , nous fîmes route pour Zante , où nous mouillâmes le 13 , après avoir rejoint l'amiral anglais ; celui-ci avec son vaisseau et une partie de son escadre qui n'était

---

1. La frégate la Syrène , commandée par le brave capitaine de vaisseau Robert , a été constamment exposée au feu de l'ennemi.

2. L'Armide s'est particulièrement distinguée dans cette affaire ; aussi ses officiers ont reçu les récompenses dûes à leurs talents et à leur bravoure. M. Dussault, l'un de nos meilleurs officiers , eût , à la suite de l'affaire de Navarin , le commandement de la Lamproie.

pas toute ralliée, s'était opposé à coups de canon au passage de la flotte turque, beaucoup plus nombreuse que la sienne, et l'avait contrainte, par son attitude ferme et menaçante, à rentrer dans Navarin.

Voyant ainsi les torts de son côté, Ibrahim, effrayé de l'orage qui grondait sur sa tête, résolut de tenir sa flotte en état de défense contre les escadres combinées, et rumina dès-lors des projets de victoire plus faciles, cadrant avec la duplicité et la lâcheté de son caractère.

Le 14, nous appareillâmes, et le 17, les amiraux des trois puissances furent ralliés en vue de Navarin ; la frégate le DARTMOUTH et la goëlette l'ALCIONE furent expédiées à ce port ; la première, chargée d'un pli pour Ibrahim et de prendre connaissance de la disposition de sa flotte, et l'autre avec l'ordre d'informer les Français employés sur les bâtiments égyptiens de la détermination prise par les amiraux d'expulser les Turcs de Navarin, s'ils ne consentaient pas à retourner chez eux de plein gré. Le 18 les deux bâtiments furent de retour de leur mission.

Ibrahim Pacha, après avoir laissé des ordres pour résister aux escadres combinées, était, dit-on, parti pour une expédition intérieure. Le petit nombre de Français qui se trouvait sur la flotte des Egyptiens avaient cessé de les servir et s'étaient retirés sur des bâtiments autrichiens neutres dans cette affaire ; un seul de nos compatriotes et le plus marquant d'entre eux, qui naguère avait occupé un poste important dans notre marine, s'est ici souillé d'une tâche dont je tairai les détails. Ce même jour, le 18, les deux vaisseaux anglais le GENOA et l'ALBION, venant de Malte, où ils avaient été envoyés se ravitailler, rallièrent l'escadre combinée ; le 19, le vice-amiral Codrington donna, comme plus ancien, ses instructions aux contre-amiraux Russe et Français, qui en firent part aux capitaines sous leurs ordres, et le 20, le vent s'étant fixé au S.-O. il ordonna le branle-bas du combat.

Quelques-unes des dispositions de l'armée turque observées par la frégate le DARTMOUTH, avaient été changées.

L'entrée du port, qui n'a qu'un mille de largeur, était défendue à droite par la forteresse bien garnie, et à gauche par une batterie peu importante sur l'île de Sphacterie ; la flotte était embossée en fer à cheval dans l'espace compris entre la citadelle, un îlot placé vers le N. de la baie et l'île de Sphacterie. Les plus forts bâtiments composant la première ligne, avaient été placés à deux encâblures les uns des autres, tous vaisseaux et frégates d'au moins 5o bouches à feu. En seconde ligne, et dans les intervalles, étaient les frégates de 44 et les fortes corvettes ; derrière ce double rempart se trouvait un cordon de corvettes en serre-files. L'aîle de l'ouest, qui était la plus faible, avait pour avant-garde quatre brûlots sous la petite batterie de Sphacterie : deux autres brûlots occupaient l'autre côté de la passe. Moharem Bey, qui avait en l'absence d'Ibrahim son pavillon sur la frégate de 6o la GUERRIÈRE, commandait l'aîle de l'E. Les forces, de ce côté, en se dirigeant de la citadelle vers l'îlot, étaient réparties ainsi qu'il suit : la frégate l'ISANIA de 6o canons, commandée par Hassan Bey, ne portait aucune marque distinctive, elle avait été construite à Rhodes, sur un fort-échantillon, et donnée au Pacha d'Egypte par le Grand-Seigneur ; venaient ensuite une frégate de Constantinople de 5o canons, puis la GUERRIÈRE portant le pavillon de commandement pour les Egyptiens, frégate construite à Marseille par M. de Cerisy, ingénieur de la marine ; deux vaisseaux de 74, dont l'un portait pavillon au grand mât ; la frégate de 6o le LION, construite à Livourne, ordinairement montée

par Ibrahim Pacha ; une frégate de 50, un vaisseau rasé et une forte frégate de Constantinople.

Les forces que je viens d'énumérer s'éten-
daient jusqu'à l'îlot ; l'extrémité de cette aîle était
renforcée par deux petites frégates et des corvettes. Cinq transports armés en guerre étaient
mouillés très-près de terre de ce côté. Tayer Pacha commandait l'aîle de l'O. en tête de laquelle
étaient la BELLE-SULTANE et une autre frégate,
toutes deux de 56 ; ce chef montait une frégate
de 60 de Constantinople, et avait immédiatement derrière lui six frégates de 50, 56 et 58. A
la seconde ligne de ce côté étaient trois frégates
tunisiennes. Dans le N. de l'îlot étaient placés
en première ligne treize bricks ou fortes goëlettes, derrière lesquels étaient trente transports,
presque tous armés en guerre.

Nul doute que c'est par les soins et les talents
des officiers européens à son service, qu'Ibrahim eut ses forces si savamment distribuées sur
la rade, dont les localités furent mises à profit
d'une manière admirable. Les trois escadres,
ayant chacune son amiral en tête, se rangèrent
sur une seule ligne, d'après l'ordre du vice-
amiral Codrington, commandant en chef, qui
ouvrit la marche par l'ASIA qu'il montait avec

les Anglais en avant, ensuite les Français et les Russes en arrière. Le DARTMOUTH et la ROSE, ainsi que les petits bâtiments chargés de maintenir les brûlots, prirent les devants formant une seconde colonne.

Nous donnions ainsi dans le port de Navarin sous les huniers et perroquets, presque vent arrière; l'amiral anglais étant à portée de canon du fort, le pavillon turc y est arboré et assuré d'un coup de canon à poudre; un canot turc accoste l'ASIA pour engager l'amiral à ne pas entrer; on dit que celui-ci répondit qu'il n'était pas venu pour recevoir des ordres, mais bien pour en donner. A deux heures un quart environ, son vaisseau est mouillé par le travers de celui portant le pavillon amiral turc. Le GENOA et l'ALBION prennent ensuite position. C'est alors que l'amiral Codrington envoya son adjudant à bord de l'amiral turc pour prévenir qu'il ne venait point dans l'intention de commettre des hostilités si on ne l'y forçait.

Sur ces entrefaites, le DARTMOUTH et la ROSE mouillent en mettant entr'elles le brûlot voisin de la citadelle, et envoient des embarcations pour s'en assurer; la SYRÈNE passait par le travers de ce brûlot au moment même où cet équipage tirait des coups de fusil sur les canots anglais ; ceux-ci , furieux de cette hostilité imprévue , sautent à l'abordage , mais une mort glorieuse les a moissonnés en un clin d'œil , pendant que le DARTMOUTH foudroie le brûlot par la plus vive fusillade tirée de ses hunes.

Pendant ce commencement d'action , la SYRÈNE arrive au poste qui lui est assigné ; elle laisse tomber l'ancre vers deux heures et demie , à petite distance du DARTMOUTH ; elle trouve place dans un groupe de bâtiments situés comme on va le voir par rapport à elle : à tribord , droit par le travers et presque vergue à vergue, la frégate de 60 l'ISANIA montée par Hassan Bey ; à bâbord , un peu par la hanche et à portée de fusil , une petite frégate et une forte corvette , et de l'arrière une autre frégate et deux corvettes à une plus grande distance. Les bâtiments alliés à portée firent feu sur le brûlot ; son équipage l'incendia et le jeta sur l'avant du DARTMOUTH ; cette frégate s'en débarrassa avec ses canots et le mouilla de l'avant à la SYRÈNE où il se consuma ; tout son monde fut tué. Quelques coups de canon turc tirés sur l'escadre combinée, pendant cette affaire de brûlot , exigèrent une riposte et le combat devint général. Se voyant canonnée de tous côtés, la première bordée de la SYRÈNE est envoyée contre la frégate et la corvette de bâbord ; elle décharge tribord sur l'ISANIA , tribord reste armé dans la batterie et bâbord sur le pont ; le feu de la SYRÈNE roule à double et triple projectile ; la corvette ayant probablement son câble coupé tombe sur la frégate : ils sont tous deux en dérive ; leurs équipages se sauvent à la nage. Le SCIPION, qui devait prendre poste immédiatement après la SYRÈNE, accroché sous son beaupré par un brûlot , mouille avant d'avoir pu prendre sa position , et est heureusement sauvé de ce danger par les embarcations anglaises et françaises à portée. Le TRIDENT , voyant un vide entre le SCIPION et la SYRÈNE , vient s'y placer et s'embosser sur l'avant de l'ISANIA , d'où il découvre les frégates qui étaient entre celle-ci et le vaisseau amiral turc. Après trois quarts d'heure de combat , la batterie des gaillards de la SYRENE était presque entièrement démontée , il fallait que l'ISANIA fut réduite avant que la SYRENE put présenter le travers aux bâtiments qu'elle avait à l'arrière et qui l'incommodaient beaucoup ; et vers quatre heures , après une admirable résistance , cette belle frégate était criblée , rasée , incendiée ,

et les débris de son équipage fuyaient à la nage ,
nous hâlons alors sur notre arrière. Vers les cinq
heures, tous nos environs étaient déblayés, mais
il était urgent que notre frégate (la SYRENE) s'é-
loignât de l'ISANIA qui allait sauter ; elle y parvint un peu à l'aide des canots anglais et du
TRIDENT ; elle ramassa de suite ses voiles ,
qu'elle n'avait pas eu le temps de serrer avant le
combat , et l'ISANIA , distante d'elle d'une lon-
gueur et demie de frégate , sauta avec fracas ; la
commotion fut telle à bord de la SYRENE , que
le mât d'artimon , criblé de boulets , tomba à
la mer , et que le fanal de la soute aux poudres
de l'avant s'éteignit.

Les Russes qui fermaient la marche à notre
entrée , forcèrent de voiles au bruit du canon, et
arrivant sur deux colonnes , furent se placer du
côté de l'île de Sphacterie ; la fumée les empêcha
de voir le vide qu'ils laissaient entre eux et le
dernier vaisseau anglais.

Le BRESLAW ne trouvant pas de place de notre côté , prolongea la ligne anglaise ; il combattit successivement deux frégates , et , après
les avoir désemparées , mouilla près de l'amiral
russe qui , bien que fort maltraité , entretint jusqu'à la fin un feu des plus nourris. Le BRESLAW

fut là d'un grand secours au contre-amiral Heyden, qui lui en témoigna après le combat la plus vive reconnaissance.

Le TALBOT, seul d'abord en tête de l'aîle de l'O., eût succombé à un combat si inégal ; mais l'ARMIDE vint à son aide et combattit la BELLE-SULTANE bord à bord. Au milieu du feu, M. Spencer, commandant le TALBOT, fit suspendre le sien pour pousser un houra en l'honneur du commandant et de l'équipage de l'ARMIDE ; et l'amiral Codrington, après le combat, complimenta M. Hugon de la manière la plus gracieuse. La ROSE, après l'affaire des brûlots, appareilla de suite et vint se placer à côté de l'ARMIDE, parmi les corvettes turques sur lesquelles elle fit un feu très-vif, qui contribua beaucoup à décider la victoire de ce côté. L'amiral anglais nomma le lendemain M. Dervis, son capitaine, capitaine de vaisseau.

L'ALCIONE et la DAPHNÉ, qui avaient pris position pour maintenir le brûlot qui se trouvait vers le milieu du passage, furent entraînés par les vaisseaux qui entraient et qui ne les aperçurent pas à cause de la fumée épaisse qui enveloppait la rade. Ces malheureux navires furent obligés de mouiller dans le voisinage de l'amiral anglais et furent très-maltraités ; le brûlot dont ils étaient chargés fut celui qui accrocha le Scipion ; les autres furent enlevés par les bricks anglais qui fusillèrent leurs équipages.

Les frégates le Cambrian et le Glascow, aperçues au large le matin, arrivèrent assez à temps pour prendre part à la fin du combat ; elles tirèrent sur la petite batterie de Sphacterie et les bâtiments turcs qui opposaient encore de la résistance.

Le Dartmouth, le Scipion et le Trident canonnèrent la forteresse qui ne cessa de tirer qu'à l'entrée de la nuit. Au coucher du soleil tout était terminé entre les flottes ; il ne restait en ligne que l'armée combinée ayant force avaries, surtout les trois bâtiments amiraux ; les turcs étaient ou coulés, ou en feu, ou à la côte ; ceux qui restaient au voisinage des bâtiments alliés étaient amarinés.

Les équipages passèrent la nuit au poste de combat ; elle fut éclairée par les flammes qui dévoraient les vaisseaux turcs que ceux-ci incendiaient eux-mêmes au lieu de chercher à les réparer ; ils ne cessèrent de brûler qu'après que l'amiral Codrington leur eut fait dire le lendemain qu'ils allaient ainsi se priver eux-mêmes des moyens de transport dont ils pouvaient encore disposer et qu'il n'avait pas l'intention de leur enlever.

Nous avons perdu MM. Fleurat, interprète de la division : Simian, officier auxiliaire, second de la DAPHNÉ, et Dusseuil, élève de première classe à bord de la SYRENE, ainsi que M. Fleurat.

Parmi les officiers blessés grièvement, on doit citer M. Dubourdieu, enseigne de vaisseau, second de l'ALCIONE, qui a eu la jambe emportée [1]. Au nombre des blessures moins

---

[1]. Ce fut au moment ou après avoir ramassé un boulet que le canon turc avait jeté à bord, il disait : nous allons le renvoyer à l'ennemi.

Le Roi a confié depuis le commandement du brick l'ALCIONE à M. Dubourdieu. En annonçant cette nouvelle, le *Constitutionnel*, dans son n° du 6 janvier 1829, s'exprime ainsi : « L'ALCIONE vient d'arri-
« ver à Toulon ; il y était attendu pour se placer sous
« le commandement du jeune Dubourdieu, qui, sur
« ce bâtiment au combat de Navarin , eut la cuisse em-
« portée par un boulet. Déjà décoré de la croix de
« Saint-Louis à l'âge de 22 ans , et du grade de lieu-
« tenant de vaisseau, une récompense plus ingénieuse
« et non moins française lui était encore réservée :
« celle de commander le navire témoin de sa belle

graves, sont celles de M. de la Bretonnière, commandant du BRESLAW, blessé au mollet, et de M. de Trelissa, enseigne de vaisseau sur le SCIPION, blessé à la cuisse.

Parmi les Anglais, le commandant du GENOA et un lieutenant du DARTMOUTH ont été tués.

D'après les rapports des officiers qui sont allés à bord des bâtiments turcs après le combat, le nombre de leurs blessés était immense; le sang ruisselait dans les batteries; plusieurs de leurs bâtiments ont perdu les neuf dixièmes de leur monde en faisant la part des flots, dans lesquels beaucoup ont été engloutis en voulant se sauver à la nage; mais les bâtiments en seconde ligne ont moins souffert que ceux de la première, suivant les positions où ils se trouvaient; j'évalue leur perte à 6000 hommes.

Le lendemain du combat, chacun commença à travailler pour réparer ses avaries; une corvette

------

« conduite à Navarin. C'est là, comme à l'affaire de
« Cadix et de Santi-Petri, que ce jeune officier se
« montra le digne fils du brave commandant Dubour-
« dieu, qui, au combat de Lissa, en 1811, trouva
« une mort glorieuse comme celle du célèbre Du
« Petit-Thouars à la bataille d'Aboukir.

russe ne put rallier l'armée que lorsque tout était terminé ; le vaisseau la PROVENCE était sorti le 19 de Cervi et se dirigeait vers Navarin ; il eut la douleur d'entendre le bruit du canon et de n'y pas assister ; il n'arriva que le jour suivant, et d'après l'ordre de M. de Rigny, mouilla sous la citadelle pour répondre à son feu, dans le cas où les Turcs se fussent avisés de recommencer les hostilités : il partit le 24 avec des dépêches ; nous quittâmes tous Navarin le 25. Le nombre des bâtiments turcs qui existaient encore s'élevait à une trentaine, parmi lesquels on distinguait six corvettes, cinq bricks et la frégate le LION, démâtée de tous ses mâts. Les cinq vaisseaux autrichiens restaient aussi, étant chargés pour le compte des Turcs.

Cette belle rade, actuellement le tombeau de la plus puissante flotte du Grand-Seigneur, est devenue impraticable par la quantité des ancres, câbles et carcasses qui sont au fond : ses bords sont couverts de cadavres turcs et des débris qui, épars sur la mer, rendaient pénible le service de nos constructions. Je me sentis le cœur soulagé en quittant cette scène de massacre et de dévastation.

La SYRÈNE en sortant se trouvait en calme et dressée sur la pointe de Sphacterie ; les canots des Anglais et des Russes, auprès desquels elle se trouvait, vinrent à l'envi les uns des autres la remorquer pour la tirer de cette position critique; les embarcations françaises arrivèrent les dernières, ayant un plus long trajet à parcourir. Le vaisseau le TRIDENT, se trouvant à peu près dans le même cas, reçut les mêmes secours. Au moment de faire route pour la France, les bâtiments français manœuvrèrent pour se rapprocher de leur amiral, et le saluèrent à la bande par les cris de VIVE LE ROI! Les mêmes honneurs furent rendus à l'honorable Sir Edward Codrington. La position de l'amiral russe, par rapport à nous, ne permit pas de les lui rendre; et les escadres se séparèrent, M. de Rigny ayant arboré son pavillon sur le TRIDENT.

Puisse le combat de Navarin, qui doit faire époque dans l'histoire et briser les fers de la Grèce, ouvrir les yeux du Grand-Seigneur sur les destinées de son empire, et lui faire accepter sans délai l'imposante médiation des trois grandes puissances, contre la volonté desquelles il voudrait en vain lutter, puisqu'elles ont agi avec un accord si généreux et si parfait!

Puissent n'être point victimes d'horribles représailles les malheureux Européens répandus dans les échelles du Levant!

TABLEAU

Des Forces de l'Escadre Anglaise et des Pertes qu'elle a éprouvées au Personnel.

			Canons.	Hom.
Vaisseaux	ASIA........ Codrington, v. a.		80	600
	GENOA.....................		74	500
	ALBION.....................		74	500
Frégate.	DARTMOUTH.... Fellowe.		44	300
Corvettes	TALBOT........ Spencer.		28	180
	ROSE .... Dérivis.		22	130
Bricks...	PHILOMÈLE................		32	240
	PELICAN..................			
1 Cutter.				
Frégates.	CAMBRIAN...... Hamilton.		46	320
	GLASCOW.................		46	320

Total Anglais : 11 amiraux et commandants. — 446 canons. — 3090 hommes. — 74 tués. — 198 blessés.

TABLEAU

Des Forces de l'Escadre Française et des Pertes qu'elle a éprouvées au Personnel.

			Can.	Hom.	Morts.	Bles.
Frég.	SYRÈNE......	DE RIGNY, v. a.	58	460	20	42
Vaisseaux construits pour 74.	SCIPION...... MILLIUS.		82	600	2	36
	TRIDENT..... MAURICE.		82	600	»	7
	BRESLAW. DE LA BRETONNIÈRE.		84	600	1	14
Frég.	ARMIDE......	HUGON.	44	320	14	28
B. Goë.	ALCIONE.....	TURPIN.	16	80	1	9
Goëlet.	DAPHNÉ......	FRAISIER.	6	60	3	5

TOTAL FRANÇAIS : 7 amiraux ou commandants. — 372 canons.— 2720 hommes. — 42 morts. — 142 blessés.

TABLEAU

Des Forces de l'Escadre Russe et des Pertes qu'elle a éprouvées au Personnel.

			Canons.	Hom.
	ALEXANDRE... Heyden, c. a.	80	600
Vaisseaux	AZOFF..........................	74	500
	....	74	500
	....	74	500
Frégates. 3 de 44..........................	132	900

TOTAL RUSSE : 7 amiraux ou commandants. — 434 canons. — 3000 hommes. — 59 morts. — 139 blessés.

TOTAL GÉNÉRAL de l'armée navale combinée : 25 bâtiments. — 1252 canons. — 8810 hommes d'équipage. — 175 morts. — 479 blessés.

TABLEAU APPROXIMATIF

Des Forces Turco-Égyptiennes,

AGISSANT AU COMBAT DE NAVARIN.

			Canons.	Hom.
TURCS	2	Vaisseaux de 74......	148	1600
	1	Vaisseau rasé de 60....	60	600
	5	Frégates de 56........	280	2500
	8	Id. de 54	432	4000
	23	Corvettes............	460	4600
ÉGYPTIENS	3	Frégates de 60........	180	1500
	1	Id. de 50.......	50	500
	9	Corvettes............	188	1800
	6	Bricks forts.........	120	720
	6	Goëlettes............	90	480
TUNISIENS	3	Frégates de 44........	132	1000
	1	Brick de 18.........	18	120

6 Brûlots.

35 Transports armés en guerre.

5 Transports Autrichiens frêtés par les Turcs.

TOTAUX : 114 bâtiments. — 2158 canons. — 19620 hommes d'équipage.

NOTA. Ne sont point compris ici le nombre des canons et des hommes des brûlots, des transports et de la forteresse qui cependant ont donné.

Dans l'ordre du jour de l'amiral Codrington , publié après la bataille , on lit ce qui suit :

Asia , le 24 novembre 1827 ,
dans le port de Navarin.

Avant que les escadres alliées s'éloignent du théatre sur lequel elles ont remporté une victoire si complète, le vice-amiral commandant en chef est désireux de faire connaître à la totalité des officiers , marins et soldats employés sur elles , la haute estime qu'a fait naître en lui leur conduite ferme et courageuse , le 20 du courant.

Il est persuadé qu'une flotte de tel pays du monde que ce soit , n'a jamais donné une preuve plus complète d'union , d'intention et d'action que celle qui a été manifestée par les escadres des trois puissances alliées lors de cette bataille sanglante et destructive.

La totalité des forces turques et égyptiennes ont porté la peine de leur indigne manque de foi.

Le parjure Ibrahim Pacha avait promis de

(351)

ne point quitter Navarin et de ne point opposer
de résistance aux forces alliées ; il a bassement
manqué à sa parole.

Les commandants alliés avaient promis de
détruire les flottes turques et égyptiennes, si un
seul coup de canon avait été dirigé sur leurs pavillons respectifs , et avec le concours des braves
qu'ils ont eu la satisfaction de commander, ils
ont accompli leur promesse à la lettre. D'une
flotte de plus de 60 bâtiments de guerre , une
seule frégate et quatorze navires inférieurs de-
meurent en état de prendre la mer.

Une si grande victoire n'a pu être obtenue sans
faire le grand sacrifice de la vie , et le commandant en chef est réduit à déplorer la perte de
plusieurs des hommes , des meilleurs et des plus
braves que possédait la flotte. Sa consolation
est qu'ils sont morts au service de leur patrie
et pour la cause de l'humanité souffrante.

Le commandant en chef réitère les plus sin-
cères remercîments à ses nobles collègues les
contre-amiraux, pour la haute capacité avec laquelle ils ont dirigé les mouvements de leur
escadre , de même aussi qu'aux commandants ,

capitaines et officiers , marins et soldats qui ont
si loyalement obéi à leurs ordres et si bravement
accompli la destruction de leurs adversaires.

Signé **EDWARD CODRINGTON** , *Amiral ,*
Commandant en chef.

Le présent Ordre du jour sera lu aux équipages
assemblés et affiché au pied du grand mât.

Le Contre-Amiral commandant en chef
l'escadre du Levant ,

Signé **CHEVALIER DE RIGNY.**

La
Bataille de Navarin,

POÈME

DÉDIÉ A LA MARINE FRANÇAISE ,

Par M. Eugène de Pradel.

O GRÈCE , ô des beaux arts immortelle Patrie !
Sous le joug musulman tu succombes flétrie !
Tes temples, tes palais , par le temps dévorés ,
Ne protégeront plus de leurs débris sacrés
Tes vaillans défenseurs livrés au cimeterre.
Leur sang, leur noble sang a rougi cette terre
Où l'écho retentit au cri de Marathon ;
Où vainquit Thémistocle , où s'éleva Platon ;
Où , pour la Liberté , proscrite dans Athènes ,
Tonna sur les tyrans la voix de Démosthènes !
    Chrétiens et malheureux , ils imploraient les rois,
Tes enfans décimés et mourant pour la Croix ;
Et des princes chrétiens la sourde politique
Laissait boire leur sang au glaive despotique ;

Missolonghi tomba... Mais ses derniers héros
Ont de leur grande chute effrayé leurs bourreaux ;
Et de ses murs épars , de ses tristes décombres ,
Où de tant de martyrs semblent errer les ombres ,
Le glorieux aspect fit pâlir les vainqueurs.

 Pour la patrie encor palpitaient d'autres cœurs ;
Ils n'étaient pas nombreux ; mais également braves ,
Tous vivaient pour combattre et non pour être esclaves.
La victoire, attachée au char des Osmanlis ,
De l'ignoble Croissant souilla l'Acropolis.
C'en était fait : la mort attendait les Hellènes :
Partout s'offrait la mort ou la honte des chaînes ;
Mais à la honte un Grec préfère le trépas ;
Il tombe sous le glaive et ne se courbe pas !

 Pour ce peuple opprimé quel rayon d'espérance !....
Sur les ailes des vents envoyé par la France ,
Un bruit consolateur vole au loin répété :
On verra triompher la sainte humanité ;
Trois grandes nations lui consacrent leurs armes ,
Et protégent sa main qui veut sécher des larmes.
Déjà leurs pavillons signalent sur les eaux
Et la triple alliance et ses nombreux vaisseaux ;
Le farouche Ibrahim en a frémi de rage.
Vient-on lui disputer les plaisirs du carnage ?
Encor quelques instans , et sa proie en lambeaux ,
Dans un désert où l'œil cherche en vain des tombeaux ,
Sous l'ongle du vautour s'abattra déchirée ;
Il faut toujours du sang à sa lèvre altérée ,

Et de l'horrible paix le nom vient jusqu'à lui !
Pour des infortunés un nouveau jour a lui :
On l'oblige à former un pacte salutaire ,
Qu'exigent à la fois la France , l'Angleterre ,
Et ce géant du Nord dont la puissante main
A de Constantinople indiqué le chemin.
La fierté d'Ibrahim , à peine contenue ,
Paraît en ses discours au jour de l'entrevue :
« Prétendez-vous , dit-il , voir s'abaisser nos fronts ?
« Qui veut s'humilier n'a droit qu'à des affronts.
« Le Sultan à son gré dispose de ma vie ;
« Si son ordre suprême à sortir me convie ,
« Quel que soit le péril dont le sort des combats ,
« En quittant Navarin , environne mes pas ,
« Je sortirai !.... Mon âme , à la crainte fermée ,
» N'obéit qu'aux devoirs d'un général d'armée !
« Ce sont eux , c'est l'honneur que je veux écouter :
« La force peut nous vaincre et non pas nous dompter ! »
A ces mots de Rigny , l'enfant de la victoire ,
Qui doit de nos Jean-Bart ressusciter la gloire :
« Et moi je vous déclare , au nom des souverains
« Qui d'un peuple opprimé protégent les destins ,
« Que nous respecterons la foi par vous blessée ;
« Mais qu'à la moindre insulte , aussitôt repoussée ,
« Vous périrez !.... Si rien ne peut vous arrêter ,
« La flotte d'Ibrahim cessera d'exister ! »
Ainsi parle Rigny ; mais fléau de la Grèce
Le féroce Pacha tiendra-t-il sa promesse ?

A peine il avait pris , sous l'honneur du serment ,
A la face du Ciel un saint engagement ,
Que , profitant du calme à la Grèce funeste ,
Il vole de ses fils exterminer le reste !
Plaintive Messénie , en ce danger pressant ,
N'espère point fléchir le tigre rugissant :
Les larmes du malheur ne touchent qu'un vrai brave ;
Il a le bras d'un homme et le cœur d'un esclave.
Hamilton est témoin de ses lâches fureurs...
Il peint aux amiraux les tragiques horreurs
Qu'exerce d'Ibrahim la rage déchaînée.
La population , à périr condamnée ,
Vers la passe d'Ancyre où les vents l'ont conduit,
Evite, pour la faim , le glaive qui la suit.
Des vieillards , des enfans , égorgés dans la plaine ,
Les flots de sang versés assouvissent à peine
Ce monstre et les bourreaux à sa haine attachés.
La vigne , l'olivier , sous ses yeux arrachés ,
S'ajoutent aux moissons que dévore la flamme.
Ce spectacle hideux est digne de son âme ;
Il sourit.... Et les Grecs , échappés aux méchans ,
Pour appaiser leur faim n'ont que l'herbe des champs.
Ils tombent , accablés de besoin, de misère ,
Sans avoir un ami pour fermer leur paupière !
L'amiral d'Albion tressaille de douleur.
Ses nobles compagnons , à la voix du malheur ,
Font éclater l'espoir d'un succès qui les tente.

    L'escadre vogue enfin des rivages de Zante

Aux bords où Navarin élève ses remparts,

Sous l'heureux pavillon couvert de léopards,

Les amiraux rangés dirigent sur les ondes

Ces châteaux voyageurs qui rapprochent les mondes.

Rigny suit Codrington ; Heiden voisin des forts

Va signaler contr'eux d'héroïques efforts.

Quel moment, quel spectacle imposant et rapide

Balancés par les vents sur la plaine liquide,

D'innombrables vaisseaux, dans un vaste appareil,

Ont livré leurs couleurs aux rayons du soleil.

Là, du Nil orgueilleux, l'Égyptien étale,

Parmi ses flammes d'or, la pompe Orientale ;

Au pavillon des Turcs brille un triple croissant ;

Sur la pourpre agitée un signe éblouissant

Rappelle le grand saint que la Russie implore [1] ;

Ici paraît la croix des vainqueurs de Mysore [2] ;

Et, voisin de la nue, où flottent ses replis,

Eclate dans les airs le pavillon des Lis.

Rien encor n'a troublé la paix et le silence

Qui suspendent la foudre aux mains de la vengeance ;

Et des Européens, pacifiques héros,

Le courroux excité peut mourir sur les flots,

Si le fer des tyrans respecte l'Hellenie.

Vain espoir ! de leurs cœurs, trop long-temps impunie,

1. Le pavillon russe est rouge, coupé par la grande croix de Saint-André.

2. Dans l'angle du pavillon anglais, est un carré bleu traversé d'une croix rouge. On sait que le royaume de Mysore a été conquis par l'Angleterre sur l'infortuné Tippoo-Saëb.

L'audace préludant par le meurtre aux combats,
Croit qu'il est des lauriers pour les assassinats.
Un bruit sourd et lointain, sur la brise légère,
S'élève tout-à-coup de la flotte étrangère.
On écoute.... On entend des longs gémissemens.
Le calme est rétabli.... C'étaient les Musulmans
Qui, des matelots Grecs, se faisant des victimes,
Les jetaient égorgés dans le fond des abîmes !

Cependant, quand du port chaque point occupé
Offre des ennemis le cercle enveloppé,
Fidèle à ses devoirs, l'amiral d'Angleterre
Vers le bey Moharem guide un parlementaire.
Que sert la confiance où vit la trahison ?
De la perversité nourrissant le poison,
Le Bey fait éclater sa fureur homicide.
Fitzroy tombe frappé d'une balle perfide ;
Fitzroy, qui leur portait des paroles de paix !
L'*Asia* sur son bord pressant ses rangs épais,
De ses tubes vengeurs balance la tempête
Et fait pleuvoir la foudre où s'élevait leur tête.
Répondant à l'appel du funeste signal,
L'engagement devient terrible, général.
L'incendie est partout !.... Il atteint, il allume,
Parmi des flots de sang le soufre et le bitume.
Quatre fois la *Syrène*, enflammée à son bord,
Sur les bords ennemis a renvoyé la mort.
De cadavres sanglans les vagues se rougissent ;
Dans le gouffre entr'ouvert les vaisseaux s'engloutissent,

Et la voix des destins semble alors répéter :
La flotte d'Ibrahim a cessé d'exister!

Les alliés vainqueurs, saisis d'un même zèle,
Ont cueilli dans ce jour une palme immortelle.
Rigny, Robert, Hugon, Maurice, Milius,
Dans tous les cœurs français vos noms ne mourront plus!
L'avenir t'a souri, vaillant Labretonnière,
Et le fer qui te blesse agrandit ta carrière.
Et toi, jeune héros, fils d'un brave marin,
Qui mourut en cherchant un autre Navarin,
Dubourdieu, ton sang coule... Il est cher à la France.
De ses premiers rayons ta gloire, à sa naissance,
Vient enflammer les cœurs, dans ce même séjour,
Où tu conçus l'espoir de t'illustrer un jour ;
Où tes heureux travaux, qu'adopte la mémoire,
Promettaient un beau nom de plus à notre histoire ;
Tu nous seras rendu pour de nouveaux succès,
Et tu dois des lauriers au pavillon français!

Gloire, gloire aux héros de la nautique armée !
La force des tyrans détruite et consumée
Ne t'opprimera plus, Grèce, de ses soldats....
Levez-vous, nobles fils du grand Léonidas !
Soyez libres enfin.... Et vous, ombres plaintives,
Hellènes, moissonnés lâchement sur ces rives,
Consolez-vous des maux que vous avez soufferts :
Vos généreux enfans ont vu tomber leurs fers !

Table des Matières.

FIN DE LA TABLE.

BRIGNOLES, TYP. PERREYMOND-DUFORT.

www.ingramcontent.com/pod-product-compliance
Lightning Source LLC
LaVergne TN
LVHW050259060726
842525LV00002B/339